不吃虧、不浪費！

最強保險
搭配法則

只要活用
「**社會保險**及**商業保險**」
就能花小錢聰明打造
CP值最高的超級保單

CONTENTS
目錄

前　言
淺談社會保險與商業保險

　　這本書是以「有勞保身分的勞工」的我們為主角，主要是以「勞保給付」為主。萬一失業時，才以「就保和國保」為輔助工具。相較於軍公教族群，勞工是相對弱勢，因此除了社會保險之外，最好以商業保險來加強社會保險不足之處。社會保險是強制性的政策保險，只要符合資格，一定會被強制納保，且要繳保費，不能說不要。商業保險非強制性，有需求才買就可以了。只要活用「社會保險及商業保險」，不吃虧、不浪費，就能花小錢聰明打造 CP 值最高的超級保單。

你可以試著回答下列幾個問題，看自己了解多少：

❶ 勞保和國保有哪些給付？

❷ 有勞保身分但非因為工作生病住院 4 天以上，勞保有沒有給付？

❸ 你繳的勞保或國保保費可能全部貢獻國庫，遺屬拿不到半毛錢？

❹ 遇到職災，可以找誰？可以拿多少錢？

❺ 如何增加百萬退休金？

❻ 勞保和國保本身及彼此之間就有給付競合的問題，你知道嗎？

❼ 健保不給付的部分，要如何加強？

❽ 無論是社會保險或商業保險，你看懂保險條文和保單條款嗎？

❾ 小資族和精打細算族，要如何將商業保險的花費用在刀口上？

❿ 為何要加強社會保險重複給付的商業保險？

本書列舉數十例，幫你一次解答基本且常見的問題，這也是身為國際認證高級理財規劃顧問（CFP）的我常被問到的問題，或我有興趣且會分享的相關議題。

幾年前認識一位剛進保險業的業務員，那是最低薪資月薪22K 的年代，他從業第一年就「年薪百萬」，但不是 MDRT 會員。WHY？因為他上班途中發生車禍骨折，休養幾個月，我說可以申請職災。公司了解狀況後，願意提供職災證明，讓他很快也順利的拿到「勞保職災傷病醫療給付」，再加上公司的團體保險和他小時候父母幫他買的商業保險，就年薪百萬了。但工作收入是 0，這種情況也是可遇不可求。財務自主的人，自食其力不靠父母養，就算生病或意外領到勞保給付，金額也不大，時間也不久，社會保險是救急不救窮的，也無法支撐一輩子，所以需要商業保險做後盾。

GOOGLE「南亞科工程師職災」得知：「長期超時工作的29 歲南亞科技工程師猝死，家屬歷經 14 個月煎熬後，勞委會認定工程師為過勞死，將發給 197 萬多元勞保職災給付。工程師雙親希望政府拿出辦法遏止過勞死，別再讓下一個家庭受害。」如果你懂法律，職災還可以向雇主要補償和賠償，但也可能需要透過法律途徑來解決。有時候職災或失能認定曠日廢時，甚至還要打官司，且官司贏了之後，還需要一段時間，錢才會下來。如果是一家經濟來源，上有高堂，下有嗷嗷待哺的小孩，還有家管的太太，就算理賠 300 萬元，也無法支撐一輩子。而中間 14 個月沒有現金來源，只好吃老本，萬一沒老本呢？社會悲劇就發生了，所以還是要靠商業保險來補強。

看完本書後，我希望每個人都有能力來評估自己的風險承受度，像銀行業或保險業一樣，一段時間作一次「壓力測

試」。每年年終除了大掃除之外，全家人也可以一起做風險評估，最差的情境發生時會如何影響家庭成員的生活？才知道要購買何種商業保險來加強。

舉例：

❶ 30 歲前的單身年輕人，可能是淨資產為零或很低的小資族，風險抵抗力弱。出門上班從此變植物人，或身故或罹癌，社會保險可以給付多少，雇主要給付多少，家人財務缺口有多少？需要什麼保險轉移風險？

❷ 40 歲前的壯年人，薪水高，可能淨資產不多，風險抵抗力還是不夠。因為家裡有房貸或車貸，小孩還在上學等等。出門上班從此變植物人，或身故或罹癌，社會保險可以給付多少？雇主要給付多少？家人財務缺口還有多少？需要什麼保險轉移風險？

❸ 50 歲前的中年人，薪水高，可能淨資產也多，風險抵抗力增加。家裡房貸或車貸已還完，小孩還在上大學等等。出門上班從此變植物人，或身故或罹癌，社會保險可以給付多少？雇主要給付多少？家人財務缺口還有多少？需要什麼保險轉移風險？

❹ 60 歲的中老年人，準備退休，薪水高，可能淨資產也很多，風險抵抗力大幅增加。出門上班從此變植物人，或身故或罹癌，社會保險可以給付多少？雇主要給付多少？家人財務缺口還剩多少？需要什麼保險轉移風險？

　　每年年終都應該花一些時間重新計算風險承受度，適時調整商業保單，永保財務安康。只要有機會變成植物人或失能者，「失能扶助險」不可少。只要身故而需要留下一些錢的人，「壽險不可少」。罹癌者，「癌症險和實支實付」不可

少。其他保險的險種，看自己的需求而定。

　　民國 84 年 3 月 1 日，全民健保開始實施，帶動商業保險醫療險、癌症險和實支實付等等險種的蓬勃發展。民國 96 年行政院即核定《長照十年計畫》（簡稱長照 1.0），行政院於民國 105 年 12 月核定《長照十年計畫 2.0》（簡稱長照 2.0），並自民國 106 年 1 月起實施長照 2.0。長照計畫回應高齡化社會的長照問題，也帶動失能扶助險、類長照保單和長照保單的蓬勃發展。投資的人都知道不要和央行作對。對於不懂保險的人，至少要跟著政府政策走，適時加強商業保險，才能彌補社會保險的不足。

　　寫這本書，自己的收穫最大，因必須將以前上課的筆記和資料、自己寫過的文章和書籍，還有法規、相關網站以及相關書籍，再做一次系統性的整合。深知勞工雖有社會救助和社會保險等社會資源，但保障依然不足，而且多數人都搞不清楚自己的權利和義務。如果我的家人發生不幸，我還有能力找到社會資源。反之，萬一我發生不幸，家人並沒有能力找到社會資源。所以，我想留下一本書，幫助自己和家人。如果你幸運地看到這本書，應該也可以幫助到你。

用商業保險和社會保險織起你人生的安全網

　　我們錢的來源，除工作、投資或繼承外，不外乎從社會保險或商業保險而來，當然過程之中也要付出不少代價。除非夠有錢，可以不在乎社會保險和商業保險。否則，儘早了解一些常見的社會保險和商業保險，對我們會有極大的幫助。

　　從財務安全的角度，一個人從出生到死亡，要一帆風順，實在很難。遇到逆境時，可能需要社會保險和商業保險的幫忙。社會保險相對便宜，又是強迫納保，包山包海，非常複

雜，包含軍保、公教保、農保、勞保、就保、國保、健保。

　　勞工領薪水時，每個月的薪資單已經扣除勞健保和就保費用，所以要了解勞健保和就保。而每年 5 月要繳所得稅，用來支撐社會救助，又是另一個大議題。因篇幅有限，社會保險的部分，本書僅以「勞保」、「勞退」、「就保」和「國保」為主，這樣已經涵蓋台灣大多數人了；還會提及全民皆有的福利「健保」，而社會救助就不提了。

　　從勞工的觀點，就業時加勞保，無業時加國保。還有失蹤或是特例，例如漁會甲類會員（雖然也屬於勞保，但俗稱「漁保」）和原住民，權利義務也和一般勞工的勞保稍有不同，也不在本書範圍。本書儘量以圖表來表示，也會提供出處供參考，最好是我們都有能力直接解讀原始資料，因為法規和網址常常在變，而社會保險的立法歷程和未來改革方案也忽略不提。勞保基金即將於民國 115 年破產，基金操作弊案連連，也不在討論範圍。

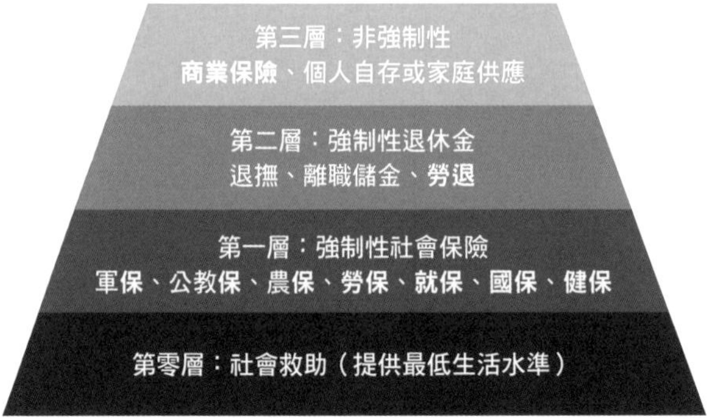

第三層：非強制性
商業保險、個人自存或家庭供應

第二層：強制性退休金
退撫、離職儲金、勞退

第一層：強制性社會保險
軍保、公教保、農保、勞保、就保、國保、健保

第零層：社會救助（提供最低生活水準）

圖 0-1 經濟保障圖
整理：吳家揚

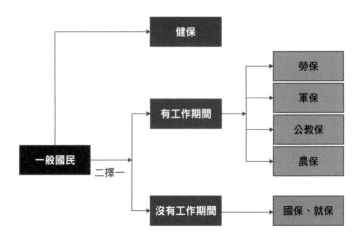

圖 0-2 社會保險

整理：吳家揚

　　勞保對我們而言、失能給付、老年給付和死亡給付最重要，這種大筆的金額給付對我們的人生財務比較有幫助。至於，假期怎麼給、加班費該怎麼給、輪班怎麼輪，年假休不完換金錢等等，雖然也很重要，但畢竟牽涉到的金額不大，屬於勞動基準法（簡稱「勞基法」）的範圍，因此也忽略不提。本書的重點就是以「長期間」和「大金額」為主，再輔以一般人容易忽略的情況來加以說明。

　　平常我們繳交的勞保、就保、國保、健保和勞退的費用，常會忽略我們的權利義務，所以要先知道的一些基本的定義和法律依據，當要申請給付時，才會知道可以拿多少、有沒有漏掉。「做到且要拿到」比知道重要，知道但沒做到也沒有用。

　　第一部社會保險，就依架構和法條先後次序來逐一說明。如果文字一開始看起來就很吃力，則先看舉例然後看圖表公式，之後再回過頭來看文字，便可以更了解文字的意義。如此應該可以掌握基本的重點，若需進一步了解內容，提升自己的

相關知識，再參考延伸閱讀。

　　第二部設計案例情境模擬，讓你徹底了解法條的意義。若有任何疑問時，可以直接打電話到相關單位請教相關業務的承辦人，這些承辦人員「多數」都專業且熱心。有一些條文規定因為重要和章節的需要，也會反覆提醒。

　　第三部商業保險，就從大家不熟的保險法談起，接下來解釋保單條款。然後第四部展開投保實務，以大眾化且大家耳熟能詳的保單為主，例如壽險、癌症險、失能扶助險、儲蓄險等等，讓大家未來有能力檢視自己的保單，加強自己的保障。還會介紹一些你可能不熟悉的商品，例如弱體保單、實物給付型保單、外溢保單、保單活化、微型保險和小額終身壽險等，也會提及特定族群、離婚族和小三保單等投保注意事項。

　　商業保單條款閱讀三大重點：名詞定義、保險範圍和除外責任，其他條款都大同小異。還要看懂「解約金、減額繳清和展期保險」這張表，只要掌握好重點，就可以輕鬆入門。商業保單的主約，保費有去有回；勞保在一定條件下，保費也是有去有回，和商業保險的主約很像；而健保很像商業保單的附約，保費有去無回。

　　社會保險，有些給付項目僅能擇一請領，有些給付有先後順序和競合關係，我們要儘可能要擇優處理，這是最複雜的部分。商業保險的「人身保險」，人命無價，原則上沒有這些問題；因為在投保之初，能不能買已經被保險公司決定了，有買到且符合理賠定義就會賠。而商業保險的「產物保險」，屬於「責任」保險，重複購買並不會重複理賠，這也是讀者要注意的事，但不在本書討論範圍。

　　隨著時空環境和法律的變更，保險條款會汰舊換新。社會

保險變革速度很慢，因為要經過立法程序。但商業保險變革快，每當大停售潮來襲，總會有大量保單被銷售。社會保險和商業保險有很強的互補性。我自己在不考慮健保的情境下，買了非常多的保單，結果就是付出高額的保費。當然這不完全是醫療和看護需求的考量，還有其他節稅或退休規劃等等的目的。但如果你懂社會救助、社會保險，在沒有太多預算時，可以適時減少商業保險保費的付出，一樣會有足夠的基本醫療保障。

針對很長和很複雜的條文，我會儘量解釋清楚，讓大家容易閱讀和很快抓到各保險的重點，就是這本書的目的。「法律是保護懂法律的人」，保險是「很專業、很硬」的東西，要習慣和看懂法律條文，才能得到應有的保障。

第一部：社會保險

CH1.
勞保給付重點提示

　　勞保和健保的保費每個月都從薪資單中扣繳，但健保較有感，偶爾去看病，馬上就能感受到健保的好處，而勞保雖然平時比較難感受到，不過當事故發生時，應該就能感受到實際的幫助。尤其是金錢的援助，勞保是國家保障勞工生活的制度，當勞工面臨人生重大事故時，可以提供基本的經濟支援，協助勞工度過困難關卡，特別是失能給付。從新聞訊息中，大家總是搞不清楚失能給付、老年給付與死亡給付有何分別，本書就從勞保給付開始，要引起大家的注意，關心自己的權益。

　　本文法條主要是根據「勞工保險條例」，簡稱勞保。本書主角主要是「以 5 人以上受雇單位的勞工」和「職業工會會員」為主，特殊案件像漁業生產勞動者或航空、航海員工或坑內工於漁業、航空、航海或坑內作業中，自失蹤之日起給付失蹤津貼（勞保第 19 條），則不在討論範圍之內，而比較複雜的事件也不會特別著墨。

　　同一種保險給付，不得因同一事故而重複請領（勞保第 22 條）。被保險人在保險有效期間領取醫療給付者，仍得享有其他保險給付之權利（勞保第 48 條）。被保險人或其受益人符合請領失能年金、老年年金或遺屬年金給付條件時，應擇一請領失能、老年給付或遺屬津貼（勞保第 65-3 條）。被保險人發生失能或死亡保險事故，被保險人或其遺屬同時符合國民年金保險給付條件時，僅得擇一請領（勞保第 74-2 條）。經勞保局審定核付後，不得變更。所以，我們要考量自身利益擇優請領，

熟悉法律條文就變得很重要了。

勞工保險分兩大類

　　勞工保險之分類及其給付種類如下：1.普通事故保險：分生育、傷病、失能、老年及死亡五種給付。2.職業災害保險：分傷病、醫療、失能及死亡四種給付。（勞保第 2 條）

　　職業災害的醫療給付為實物給付，其餘給付都是現金給付。（參見圖 1-0-1）

首投族注意事項

　　勞工第一次加入勞工保險依規定不得超過 65 歲，但 65 歲前曾加入勞工保險之被保險人，如離職退保未領取老年給付，於滿 65 歲後再從事工作，得由其所屬投保單位辦理加保。（資料來源：勞保局→業務專區→勞工保險→常見問答→承保業務→Q12.我今年已經超過 65 歲了，還可以再加勞保嗎？https://www.bli.gov.tw/0005507.html）

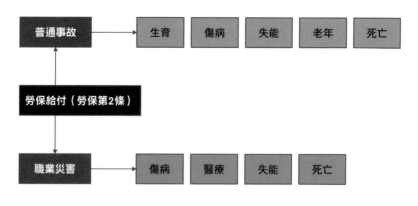

圖 1-0-1 勞保給付分兩大類

資料來源：作者提供，製圖：吳家揚

保險有效期間和責任歸屬

符合本條例第 6 條規定之勞工，各投保單位於其所屬勞工到職、入會、到訓之當日列表通知保險人者，其保險效力之開始，自投保單位將加保申報表送交保險人或郵寄之當日零時起算；投保單位非於勞工到職、入會、到訓之當日列表通知保險人者，其保險效力之開始，自投保單位將加保申報表送交保險人或郵寄之翌日零時起算。（勞保施行細則第 14 條）

申請投保之單位未填具投保申請書或投保申請書漏蓋投保單位印章、負責人印章，保險人應以書面通知補正；投保單位應於接到通知之翌日起 10 日內補正。投保單位逾期補正或逾期不為補正，勞工因此所受之損失，應由投保單位負賠償之責。（勞保施行細則第 15 條）

舉例 01

Q：志明 9/21 上班且辦理勞保加保，但當天下午 3 點受傷失能，是否可以申請勞保給付？

A：可以，勞保生效日為 9/21 的 00:00。

舉例 02

Q：志明 9/11 上班但因資料不齊，9/12 上午資料補齊後才郵寄勞保局，9/12 下午 3 點受傷失能，是否可以申請勞保給付？

A：不可以，勞保生效日為 9/13 的 00:00。雇主要負起賠償責任。
如果 9/11 雖然資料不齊但先送件，勞保生效日為 9/11 的 00:00，這樣就有勞保給付。只要 10 日內補齊資料就可以。

勞保費率

這裡只列出最大宗的兩種人：一般受雇勞工及職業工會會員。（參見表 1-0-1）

普通事故保險費率，為被保險人當月投保薪資 7.5%至13%。職業災害保險費率，分為行業別災害費率及上、下班災害費率二種。這兩種保險的費率每隔一段時間會調整一次，但只會越來越高。（勞保第 13 條）

職業工會與會員之間並非僱傭關係，所以由職業工會加保的被保險人不適用就業保險法。加入職業工會可投保勞保（含職災），但沒有就業保險相關給付和雇主提撥勞退 6%，無一定雇主也不能自提 6%，僅能以「自營作業者」自提 6%。（參考資料：勞保局→交流園地→勞保局資訊站→104 年度→12 月→104.12.21——自營作業者僱用員工後的加保規定。https://www.bli.gov.tw/0021541.html）

被保險人已領取老年給付者，不得再參加勞保，如果該人再受雇於投保單位者，雇主應投保職業災害保險。（參考資料：勞保局→業務專區→勞工保險→常見問答→承保業務→ 31. 我已經領過勞保老年給付，還能再參加勞保嗎？https://www.bli.gov.tw/0006912.html）

表 1-0-1 勞保費率

	普通事故			職業災害		
	投保單位	勞工負擔	政府	投保單位	勞工負擔	政府
一般受雇勞工	70%	20%	10%	100%	0	0
職業工會會員	0	60%	40%	0	60%	40%

資料來源：勞保第 15 條，製表：吳家揚

2021 年元旦起，普通事故保險費率調整為 10.5%（若外加 1%就業保險費，為 11.5%）。

公式

> **所繳保費＝平均月投保薪資×費率×負擔比率**

這裡和我們有關的是勞工負擔的比例，而負擔是用「平均月投保薪資」來計算。月投保薪資越高，月所繳保費越高。平均月投保薪資：按被保險人加保期間最高 60 個月之月投保薪資予以平均計算；如果參加勞保未滿 5 年，就會按實際投保年資之平均月投保薪資來計算。

舉例 03

Q：志明最近 10 年投保資薪都為 43,900 元。

A：志明每個月的勞保費用＝43900×10.5%×20%＝922元。（不考慮費率調整）

上班時，如果公司已經幫我們投保，真好。如果失業，就「被加入」國保。如果因為某些因素，沒有公司幫我們投保，就要自己加入職業工會來投保。加入工會，雖然勞保自費金額會高出許多，但勞保的條件還是比國保好很多，也是不得不的選擇。如果沒有上班的事實，而去加入公司勞保或工會，是違法行為，若被查到，年資不算，也不會退還保費，可能也要負起民事和刑事的責任。而且還要補繳國保保費，真是得不償失。

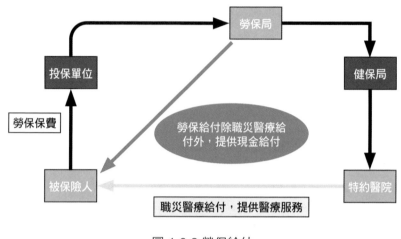

圖 1-0-2 勞保給付

製圖：吳家揚

這幾個時間點很重要

❶ 被保險人參加保險，年資合計滿 15 年，被裁減資遣而自願繼續參加勞工保險者，由原投保單位為其辦理參加普通事故保險，至符合請領老年給付之日止。（勞保第 9-1 條）。於加保期間不得調整投保薪資（勞保施行細則第 28 條）。

❷ 在保險有效期間發生傷病事故，於保險效力停止後 1 年內，得請領同一傷病及其引起之疾病之傷病給付、失能給付、死亡給付或職業災害醫療給付。在保險有效期間懷孕，且符合本條例第 31 條第 1 項第 1 款或第 2 款規定之參加保險日數，於保險效力停止後 1 年內，因同一懷孕事故而分娩或早產者，得請領生育給付。（勞保第 20 條）

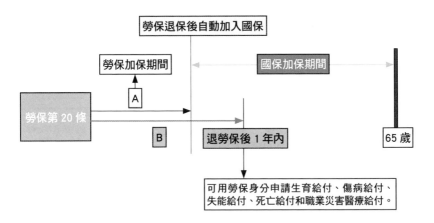

圖 1-0-3 勞保國保競合關係

製圖：吳家揚

我們畫出時間序，具勞保身分（A）時，當然以勞保條例來給付。但如果退出勞保，又沒有其他社會保險身分時，就會自動加入國保。國保的給付條件與勞保比差很多。當給付資格發生在勞保期間，就是有相關性，但忘記或不知道要申請，在退出勞保加入國保 1 年內（B），還可以以勞保身分申請相關給付。如果退出勞保超過 1 年，就只能以國保身分來申請相關給付了。

❸ 被保險人退保後，經診斷確定於保險有效期間罹患職業病者，得請領職業災害保險失能給付。（勞保第 20-1 條）

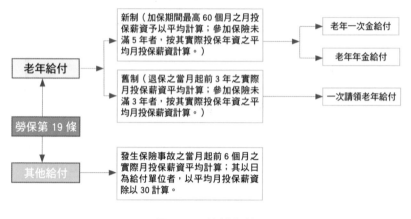

圖 1-0-4 給付定義

製圖：吳家揚

最好要自己開立專戶

❶ 被保險人、受益人或支出殯葬費之人領取各種保險給付之權利，不得讓與、抵銷、扣押或供擔保。被保險人或受益人依本條例規定請領年金給付者，得檢具保險人出具之證明文件，於金融機構開立專戶，專供存入年金給付之用。前項專戶內之存款，不得作為抵銷、扣押、供擔保或強制執行之標的。被保險人已領取之保險給付，經保險人撤銷或廢止，應繳還而未繳還者，保險人得以其本人或其受益人請領之保險給付扣減之。（勞保第 29 條）

❷ 考量禁止扣押專戶之立法保障應及於所有請領退休金之勞工，而非僅限於請領月退休金，因此將一次請領退休金者，亦納入不得作為抵銷、扣押、供擔保或強制執行之標的。（資料來源：勞保局→公告資訊→最新消息→最新消息（歷史資料）→勞工退休金條例修正將永久居留之外籍人士納入適用對象，勞工之遺屬或指定請領人退休金請求權延長為 10

年→Q4：勞工一次請領之退休金，亦可於金融機構開立專戶存入而不受扣押。https://www.bli.gov.tw/0103597.html）

　　勞保各種保險給付之請求權，自得請領之日起，因 5 年間不行使而消滅（勞保第 30 條）。但老年給付，沒有期限（勞保第 58 條）。

　　本保險之年金給付金額，於中央主計機關發布之消費者物價指數累計成長率達正負 5%時，即依該成長率調整之。

　　被保險人退保後再參加保險時，其原有保險年資應予併計。（勞保第 12 條）

　　本條例中華民國 97 年 7 月 17 日修正之條文施行後，被保險人符合本保險及國民年金保險老年給付請領資格者，得向任一保險人同時請領，並由受請求之保險人按其各該保險之年資，依規定分別計算後合併發給。前項被保險人於各該保險之年資，未達請領老年年金給付之年限條件，而併計他保險之年資後已符合者，亦得請領老年年金給付。（勞保第 74-2 條）

投保對象（被保險人資格）

❶ 強制對象：年滿 15 歲以上，65 歲以下之下列勞工，應以其雇主或所屬團體或所屬機構為投保單位，全部參加勞工保險為被保險人：1）受雇於僱用勞工 5 人以上之公、民營工廠、

礦場、鹽場、農場、牧場、林場、茶場之產業勞工及交通、公用事業之員工。2）受雇於僱用 5 人以上公司、行號之員工。3）受雇於僱用 5 人以上之新聞、文化、公益及合作事業之員工。4）依法不得參加公務人員保險或私立學校教職員保險之政府機關及公、私立學校之員工。5）受雇從事漁業生產之勞動者。6）在政府登記有案之職業訓練機構接受訓練者。7）無一定雇主或自營作業而參加職業工會者。8）無一定雇主或自營作業而參加漁會之甲類會員。前項規定，於經主管機關認定其工作性質及環境無礙身心健康之未滿 15 歲勞工亦適用之。前 2 項所稱勞工，包括在職外國籍員工。（勞保第 6 條）

❷ 前條第 1 項第 1 款至第 3 款規定之勞工參加勞工保險後，其投保單位僱用勞工減至 4 人以下時，仍應繼續參加勞工保險。（勞保第 7 條）

❸ 自願投保：下列人員得準用本條例之規定，參加勞工保險：1）受雇於第 6 條第 1 項各款規定各業以外之員工。2）受雇於僱用未滿 5 人之第 6 條第 1 項第 1 款至第 3 款規定各業之員工。3）實際從事勞動之雇主。4）參加海員總工會或船長公會為會員之外僱船員。前項人員參加保險後，非依本條例規定，不得中途退保。第 1 項第 3 款規定之雇主，應與其受雇員工，以同一投保單位參加勞工保險。（勞保第 8 條）

❹ 得繼續參加勞工保險：1）應徵召服兵役者。2）派遣出國考察、研習或提供服務者。3）因傷病請假致留職停薪，普通傷病未超過 1 年，職業災害未超過 2 年者。4）在職勞工，年逾 65 歲繼續工作者。5）因案停職或被羈押，未經法院判決確定者。（勞保第 9 條）

申請文件

　　法條對一般人而言，都不是那麼容易讀懂，雖然每個字都看得懂，但連成一句話或一段話之後，就不容易懂了。最簡單讀懂法條的入門方法，就是先去查看申請文件中的表格（勞保局→業務專區→勞工保險→書表下載→給付業務所需表格，https://www.bli.gov.tw/0005453.html）。表格的內容就親民很多，也很容易懂。給付申請文件中的注意事項不能忽略。文件要備齊，給付才會順利。如果再不懂的話，就打電話請教相關單位的承辦人員。

解釋令

　　解釋令要多看，可以讓我們更了解法律。有興趣的讀者，可自行參考：勞保局→業務專區→勞工保險→法令規章→行政解釋→承保部分→（二）被表險人（https://www.bli.gov.tw/0013035.html）。例如：

Q35：首次參加勞保之勞工，如年逾 65 歲，則不得加保。

A：勞工保險條例第 6 條及第 9 條修正生效後，年逾 65 歲勞工首次加保者，不予受理加保，至於 65 歲前曾參加勞工保險，但因離職退保未請領老年給付之勞工，年逾 65 歲再實際從事工作者，得繼續參加勞工保險。本會 86 年 7 月 8 日台 86 勞保 2 字第 028623 號函、86 年 11 月 17 日台 86 勞保 2 字第 046516 號函及 87 年 2 月 17 日台 87 勞保 2 字第 003310 號函等 3 則函釋停止適用。行政院勞工委員會 102 年 1 月 16 日勞保 2 字第 1020140029 號函。

勞保的費率（勞保第 15 條）

　　勞工保險保險費之負擔，依下列規定計算之：

❶ 第 6 條第 1 項第 1 款至第 6 款及第 8 條第 1 項第 1 款至第 3 款規定之被保險人，其普通事故保險費由被保險人負擔 20%，投保單位負擔 70%，其餘 10%由中央政府補助；職業災害保險費全部由投保單位負擔。

❷ 第 6 條第 1 項第 7 款規定之被保險人，其普通事故保險費及職業災害保險費，由被保險人負擔 60%，其餘 40% 由中央政府補助。

❸ 第 6 條第 1 項第 8 款規定之被保險人，其普通事故保險費及職業災害保險費，由被保險人負擔 20%，其餘 80% 由中央政府補助。

❹ 第 8 條第 1 項第 4 款規定之被保險人，其普通事故保險費及職業災害保險費，由被保險人負擔 80%，其餘 20% 由中央政府補助。

❺ 第 9 條之 1 規定之被保險人，其保險費由被保險人負擔 80%，其餘 20% 由中央政府補助。

月投保薪資的定義

　　勞工保險投保薪資分級表，民國 110 年 1 月 1 日起適用：基本工資為每月 24,000 元，最低時薪每小時 160 元。

表 1-0-2 勞工保險投保薪資分級表

中華民國 109 年 11 月 5 日勞動部勞動保 2 字第 1090140493 號令修正發布，自民國 110 年 1 月 1 日施行

投保薪資等級	月薪資總額（實物給付應折現金計算）	月投保薪資
第 1 級	24,000 元以下	24,000 元
第 2 級	24,001 元至 25,200 元	25,200 元
第 3 級	25,201 元至 26,400 元	26,400 元
第 4 級	26,401 元至 27,600 元	27,600 元
第 5 級	27,601 元至 28,800 元	28,800 元
第 6 級	28,801 元至 30,300 元	30,300 元
第 7 級	30,301 元至 31,800 元	31,800 元
第 8 級	31,801 元至 33,300 元	33,300 元
第 9 級	33,301 元至 34,800 元	34,800 元
第 10 級	34,801 元至 36,300 元	36,300 元
第 11 級	36,301 元至 38,200 元	38,200 元
第 12 級	38,201 元至 40,100 元	40,100 元
第 13 級	40,101 元至 42,000 元	42,000 元
第 14 級	42,001 元至 43,900 元	43,900 元
第 15 級	43,901 元以上	45,800 元
備註	1. 本表依勞工保險條例第 14 條第 3 項規定訂定之。 2. 職業訓練機構受訓者之薪資報酬未達基本工資者，其月投保薪資分 13,500 元（13,500 元以下者）、15,840 元（13,501 元至 15,840 元）、16,500 元（15,841 元至 16,500 元）、17,280 元（16,501 元至 17,280 元）、17,880 元（17,281 元至 17,880 元）、19,047 元（17,881 元至 19,047 元）、20,008 元（19,048 元至 20,008 元）、21,009 元（20,009 元至 21,009 元）、22,000 元（21,010 元至 22,000 元）及 23,100 元（22,001 元至 23,100 元）十級，其薪資總額超過 23,100 元而未達基本工資者，應依本表第 1 級申報。 3. 部分工時勞工保險被保險人之薪資報酬未達基本工資者，其月投保薪資分 11,100 元（11,100 元以下者）及 12,540 元（11,101 元至 12,540 元）二級，其薪資總額超過 12,540 元者，應依前項規定覈實申報。 4. 依身心障礙者權益保障法規定之庇護性就業身心障礙者被保險人之薪資報酬未達基本工資者，其月投保薪資分 6,000 元（6,000 元以下）、7,500 元（6,001 元至 7,500 元）、8,700 元（7,501 元至 8,700 元）、9,900 元（8,701 元至 9,900 元）、11,100 元（9,901 元至 11,100 元）、12,540 元（11,101 元至 12,540 元），其薪資總額超過 12,540 元者，應依第 2 項規定覈實申報。 5. 本表投保薪資金額以新台幣元為單位。	

資料來源：勞保局➔業務專區➔勞工保險➔承保業務➔投保薪資申報及調整➔勞工保險投保薪資分級表https://www.bli.gov.tw/0005475.html

1-1. 勞保生育給付

少子化的年代，政府鼓勵多生。因此，1. 各縣市政府有「生育獎勵」，但各縣市金額不盡相同，以政府公告為主。2. 中央政府也有「育兒津貼」，可分三大項目：1）父母未就業育兒津貼。2）育嬰留職停薪津貼。3）托育補助。3.「生育給付」。

但生育獎勵和育兒津貼，不在本文討論範圍內，本文重點放在勞保的「生育給付」。

有些被保險人在剛懷孕時還在工作，保有勞保，後來才辭職在家待產，改保國保，兩種的生育給付條件都有符合。若是同時符合勞保和國保生育給付的請領資格，只能擇一請領。而勞保的給付條件會比國保好。

請求權（勞保第 30 條）
自得請領之日起，因 5 年間不行使而消滅。

資格
❶ 勞保第 31 條：1）參加保險滿 280 日後分娩者。2）參加保險滿 181 日後早產者。3）參加保險滿 84 日後流產者。

❷ 被保險人在保險有效期間懷孕，於保險效力停止後 1 年內，因同一懷孕事故而分娩或早產者，得請領生育給付。（勞保第 20 條）

所謂「早產」，係指胎兒產出時妊娠週數 20 週以上（含 140 天），但未滿 37 週（不含 259 天）。如妊娠週數不明確時，可採胎兒產出時體重超過 500 公克但未滿 2,500 公克為判斷標

準──依照勞動部 105 年 3 月 11 日勞動保 2 字第 1050140098 號函釋規定。（資料來源：勞保局→業務專區→勞工保險→給付業務→生育給付→請領資格，https://www.bli.gov.tw/0004844.html）

給付標準

❶ 生育給付標準，依下列各款辦理：1）被保險人或其配偶分娩或早產者，按被保險人平均月投保薪資一次給與分娩費 30 日，流產者減半給付。2）被保險人分娩或早產者，除給與分娩費外，並按其平均月投保薪資一次給與生育補助費 60 日。3）分娩或早產為雙生以上者，分娩費及生育補助費比例增給。被保險人難產已申領住院診療給付者，不再給與分娩費。被保險人同時符合相關社會保險生育給付或因軍公教身分請領國家給與之生育補助請領條件者，僅得擇一請領。但農民健康保險者，不在此限。（勞保第 32 條）

❷ 有關生育給付分娩費及普通事故保險醫療給付部分，於全民健康保險施行後，停止適用。（勞保第 76-1 條）→意思是全民健康保險施行後，男性被保險人之配偶分娩、早產、流產及女性被保險人流產者，均不得請領生育給付，僅女性被保險人分娩或早產可以請領生育給付。（資料來源：勞保局→業務專區→勞工保險→給付業務→生育給付→請領資格，https://www.bli.gov.tw/0004844.html）

❸ 生育給付的計算基礎為「發生保險事故之當月起最近 6 個月之月投保薪資合計額除以 6 計算；參加保險未滿 6 個月者，按其實際投保年資之平均月投保薪資計算」。（勞保施行細則第 44 條）

舉例 01

> Q：春嬌懷孕 40 週產子，最近 3 年的投保薪資都是 43,900
> 元。可申請生育給付為多少錢？
>
> A：（43900／30）×60＝87800 元。若為雙胞胎，則為
> 175,600 元。

❹ 生育給付，只適用於女性被保險人，相對簡單。相信只要符
合資格的人，都不會忘記去申請。嬰兒生父不詳者，仍然可
以申請給付。於戶政事務所辦理子女出生登記者，可同時申
請給付。

❺ 在正常情況之下，具女性勞工身分，生育後可請 2 個月投保
薪資的生育補助。如果被保險人的配偶具農民身分的話，可
以再申請農保的配偶生育補助。（農保不在本書討論範圍，
請自行參考：https://www.bli.gov.tw/0006758.html）

延伸閱讀

生育給付申請文件

　　（資料來源：勞保局→業務專區→勞工保險→書表下載→
給付業務所需表格→生育給付，https://www.bli.gov.tw/0005517.
html）

❶ 勞工保險生育給付申請書及給付收據。
❷ 早（死）產證明書。
❸ 於戶政事務所辦理出生登記或死亡登記同時申請勞保生育給
付或勞保家屬死亡給付通報勞保局服務委託書。
❹ 同意投保單位代為線上申辦勞保生育給付同意書。

1-2 勞保傷病給付

　　從生病到失能，這些資源不能錯過：重大傷病卡、身心障礙證明、勞保傷病給付、勞保失能給付。本文只討論勞保傷病給付，重大傷病卡可參考健保署→重大傷病證明卡申請與換發注意事項（https://www.nhi.gov.tw/Content_List.aspx?n=79D6E650314D0CB5&topn=5FE8C9FEAE863B46），而身心障礙證明可參考衛生福利部→衛生福利 e 寶箱→身心障礙（https://www.mohw.gov.tw/cp-88-235-1-45.html）。

請求權（勞保第 30 條）

　　自得請領之日起，因 5 年間不行使而消滅。

資格

❶ 被保險人遭遇普通傷害或普通疾病住院診療，不能工作，以致未能取得原有薪資，正在治療中者，自不能工作之第 4 日起，發給普通傷害補助費或普通疾病補助費。（勞保第 33 條）

❷ 被保險人因執行職務而致傷害或職業病不能工作，以致未能取得原有薪資，正在治療中者，自不能工作之第 4 日起，發給職業傷害補償費或職業病補償費。（勞保第 35 條）

❸ 被保險人在傷病期間，已領足前 2 條規定之保險給付者，於痊癒後繼續參加保險時，仍得依規定請領傷病給付。（勞保第 37 條）

❹ 被保險人在保險有效期間發生傷病事故，於保險效力停止後 1 年內，得請領同一傷病及其引起之疾病之傷病給付、失能給付、死亡給付或職業災害醫療給付。（勞保第 20 條）

給付標準

依相關條文，整理如下：

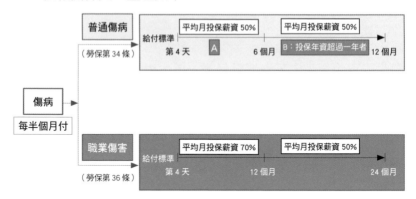

圖 1-2-1 傷病給付

製圖：吳家揚

有關生育給付分娩費及普通事故保險醫療給付部分，於全民健康保險施行後，停止適用（勞保第 76-1 條）。普通傷病需要住院治療，職業傷害只要治療不用住院，都有 3 天的「等待期」，可以自己到勞保局申請或透過公司申請。而職業傷害，需要公司認可才行。

舉例 01

Q：志明上班途中發生車禍（算職災），當日急診並開刀住院，後續門診及復健，共 120 日才康復。最近 10 年的投保薪資都是 43,900 元，且未取得原有薪資。志明可申請傷病給付多少錢？

A：可申請傷病給付：（120－3）×（43900／30）×70%＝119847 元。

舉例 02

Q：志明上班因職災不能工作超過 2 年，且未取得原有薪資，最近 10 年的投保薪資都是 43,900 元。最多可申請傷病給付多少錢？

A：最多可申請傷病給付：（365－3）×（43900／30）×70％＋365×（43900／30）×50％＝370809＋267058＝637867 元。

延伸閱讀

傷病給付申請文件

（資料來源：勞保局→業務專區→勞工保險→書表下載→給付業務所需表格→傷病給付，https://www.bli.gov.tw/0005517.html）

❶ 傷病給付申請書。

❷ 勞工保險被保險人上下班、公出途中發生事故而致傷害證明書。

❸ 勞工保險職業病職歷報告書。

解釋令

有興趣的讀者，可自行參考：勞保局→業務專區→勞工保險→法令規章→行政解釋→給付部分→（四）傷病給付（https://www.bli.gov.tw/0013043.html）。例如：

Q4：已退職並請領老年給付者，不得再申請傷病給付。

A：勞工保險傷病給付與老年給付，同為保障被保險人因傷病不

能工作或年老未工作收入短缺後之生活，被保險人退職，依規定退保，並請領老年給付者，自不得再依勞保條例第 20 條規定，請領傷病給付。內政部 69 年 6 月 13 日台內社字第 17731 號函。

Q6：勞工因職業傷病在家療養期間，可否請領勞保傷病給付。

A：查被保險人請領職業傷病補償費，以因執行職務而致傷害或職業病不能工作，以致未能取得原有薪資「正在治療中」者為限。被保險人於醫院治療終止後在家中療養因非處於「正在治療中」之情況，依上開規定自難核給傷病給付。76 年 8 月 4 日台台內社字第 524071 號函。

Q27：有關被保險人請領就業保險之育嬰留職停薪津貼期間，得否同時請領傷病給付釋疑。

A：查就保育嬰留職停薪津貼與勞保傷病給付同屬薪資補償性質，基於社會保險不重保障原則，不得同時請領。行政院勞工委員會 98 年 8 月 17 日勞保 1 字第 0980140398 號函。

1-3 勞保職災傷病醫療給付

　　許多勞工意識薄弱，因此對職災保險較為陌生，甚至有些人還沒有加入勞保。多數人都是發生職災時，才會深入了解職災給付相關內容。對於已經請領勞保老年給付但還在職場工作的勞工，雖然不能參加勞保的普通事故保險，雇主仍可替勞工申請加入職業災害保險。未來一旦發生職災，在職勞工仍享有職業災害保險相關給付。

　　發生職災時，地方政府相關補助及服務，本文也不討論，

請自行參考。（資料來源：勞保局→業務專區→勞工保險→給付業務→其他政府單位職災相關補助→地方政府相關補助及服務，https://www.bli.gov.tw/0102605.html）

　　醫療給付屬於職業傷害的範疇。醫療給付分門診及住院診療，且被保險人不得請領現金。（勞保第 39 條，第 49 條）

請求權（勞保第 30 條）

　　自得請領之日起，因 5 年間不行使而消滅。

資格

❶ 被保險人合於下列規定之一，經保險人自設或特約醫療院、所診斷必須住院治療者，由其投保單位申請住院診療。但緊急傷病，須直接住院診療者，不在此限。1）因職業傷害者。2）因罹患職業病者。3）因普通傷害者。4）因罹患普通疾病，於申請住院診療前參加保險之年資合計滿 45 日者。（勞保第 42 條）

❷ 被保險人在保險有效期間發生傷病事故，於保險效力停止後 1 年內，得請領同一傷病及其引起之疾病之傷病給付、失能給付、死亡給付或職業災害醫療給付。（勞保第 20 條）

職災就醫流程

（勞保第 42-1 條）

圖 1-3-1 職災就醫流程

製圖：吳家揚

❶ 加入勞保職災後，一旦因工作中受傷，或上、下班途中車禍受傷，需住院治療時，可立即使用職業傷病住院申請書，經投保單位填發並蓋章用印，連同健保卡及身分證件資料就醫，出院時可免繳納職災住院期間健保規定之部分負擔醫療費用及 30 日內膳食費半數之補助。對於輕傷職災僅須門診治療者，如持門診單就診，免繳門診的部分負擔費用，可減輕職災勞工醫療費用支出。（資料來源：勞保局→公告資訊→最新消息→最新消息（歷史資料）→網路下載醫療書單真方便，職災勞工多加利用好處多。https://www.bli.gov.tw/0021461.html）

❷ 投保單位要填發「勞工保險職業傷病門診單」、「勞工保險職業傷病住院申請書」或「勞工保險職業病門診單」，勞工持門診單或住院申請書就醫。如果沒有事先拿到公司開的門診單或住院申請書，或是緊急就醫也行，但事後要補資料。

❸ 被保險人因尚未領得職業傷病門診就診單或住院申請書或全民健康保險卡或因緊急傷病就醫，致未能繳交或繳驗該等證件時，應檢具身分證明文件，聲明具有勞保身分，辦理掛號就診，全民健康保險特約醫院或診所應先行提供醫療服務，收取保險醫療費用並掣給單據，被保險人於就醫之日起 10 日內（不含例假日）或出院前補送證件者，全民健康保險特約醫院或診所應退還所收取之保險醫療費用。（勞保施行細則第 61 條）

❹ 若拿不到公司的「勞工保險職業傷病門診單」，為保障勞保被保險人的權益，由職業醫學科專科醫師及地區醫院以上之醫院專科醫師為開具的職業病門診單，也可以向勞保局申領。（職業醫學科專科醫師及地區醫院以上之醫院專科醫師開具職業病門診單辦法第 3 條）。

❺ 先自行就醫者，事後可以用「勞工保險職業災害自墊醫療費用核退申請書」，來申請退費。因上下班、公出途中發生事故，需要填寫「勞工保險被保險人上下班、公出途中發生事故而致傷害證明書」。

給付標準

❶ 門診給付範圍如下：1）診察（包括檢驗及會診）。2）藥劑或治療材料。3）處置、手術或治療。前項費用，由被保險人自行負擔 10%。但以不超過中央主管機關規定之最高負擔金額為限。（勞保第 41 條）

❷ 住院診療給付範圍如下：1）診察（包括檢驗及會診）。2）藥劑或治療材料。3）處置、手術或治療。4）膳食費用 30 日內之半數。5）勞保病房之供應，以公保病房為準。前項第 1 款至第 3 款及第 5 款費用，由被保險人自行負擔 5%。但以不超過中央主管機關規定之最高負擔金額為限。被保險人自願住較高等病房者，除依前項規定負擔外，其超過之勞保病房費用，由被保險人負擔。（勞保第 43 條）

❸ 目前「職業疾病成因代碼表」定義 20 個項目，職業病門診需要「職業醫學科專科醫師及地區醫院以上之醫院專科醫師」才行。（可參考「勞工保險職業病門診單」）

❹ 勞保的支付標準和健保一樣，如果健保不給付的項目，勞保也不會給付。勞工若符合醫療給付，職災就醫，免部分健保負擔和住院 30 日內膳食費用減半，勞保就醫花費會比健保便宜。如果商業保險實支實付需要醫療費用收據正本，相關的自墊醫療費用核退，例如「勞工保險職業災害自墊醫療費用核退申請書」或「全民健康保險自墊醫療費用核退申請書」，使用副本收據即可。

延伸閱讀

申請文件

（資料來源：勞保局→業務專區→勞工保險→書表下載→給付業務所需表格→職災醫療給付，https://www.bli.gov.tw/0005517.html）

❶ 勞工保險職業傷病門診單（投保單位或被保險人下載專用）。

❷ 勞工保險職業傷病住院申請書（投保單位或被保險人下載專用）。

❸ 勞工保險職業災害自墊醫療費用核退申請書。

❹ 勞工保險職業病職歷報告書。

❺ 勞工保險被保險人上下班、公出途中發生事故而致傷害證明書。

❻ 勞工保險職業病門診單（職業醫學科專科醫師及地區醫院以上之醫院專科醫師專用）。

❼ 職業工會及漁會填發職業傷病醫療書單調查表。

解釋令

有興趣的讀者，可自行參考：勞保局→業務專區→勞工保險→法令規章→行政解釋→給付部分→（八）職業災害醫療給（https://www.bli.gov.tw/0013047.html）。例如：

Q4：被保險人申請核退職業災害醫療費用，如有特殊原因未於規定期限內申請核退職業災害醫療費用，得於門診治療當日或出院之日起 5 年內補齊證件申請。

A：1. 查申請核退醫療費用期限，勞工保險條例施行細則第 61 條及第 62 條已有明定，惟如有特殊原因未於規定期限內辦理者，於門診治療當日或出院之日起 5 年內補齊證件，准予核退醫療費用，並自 101 年 12 月 21 日起生效。行政院勞工委員會 87 年 5 月 11 日（87）台勞保三字第 013322 號函自 101 年 12 月 21 日起停止適用。2. 本函示生效後，被保險人因職業傷病始申請診療，其核退醫療費用之期限，應依上開規定辦理。惟函示生效前因職業傷病已申請診療，其核退醫療費用之期限，依下列規定辦理：1）本函示生效前，被保險人於門診治療當日或出院之日起已逾 2 年提出申請核退醫療費用者，仍依本函示生效前之規定，不得核退醫療費用。2）被保險人於門診治療當日或出院之日起已逾 2 年，始提出申請核退醫療費用，保險人不予核退醫療費用而於行政救濟中之案件，保險人未撤銷或變更原處分，由訴願機關依規定為訴願決定。3）本函示生效時，被保險人於門診治療當日或出院之日起未逾 2 年者，依本函示之規定，應於門診治療當日或出院之日起 5 年內提出申請，辦理核退醫療費用。

1-3-1 何謂職業傷害與職業病？

既然職業傷害和職業病都需要專業定義，哪裡可以查到呢？

職災認定主要依據「職業安全衛生法（本文簡稱職安法）」、「職業安全衛生法施行細則（本文簡稱職安法施行細則）」和「勞工保險被保險人因執行職務而致傷病審查準則（本文簡稱傷病準則）」。

職業災害：指因勞動場所之建築物、機械、設備、原料、

材料、化學品、氣體、蒸氣、粉塵等或作業活動及其他職業上原因引起之工作者疾病、傷害、失能或死亡。（職安法第 2 條）

職業上原因，指隨作業活動所衍生，於勞動上一切必要行為及其附隨行為而具有相當因果關係者。（職安法施行細則第 6 條）

傷病準則

在「傷病準則」，只有短短 23 條，明確定義職業病或職業傷害。這些條文都很白話，可以不用多做解釋，可區分為五大類。

❶ 執行職務期間（傷病準則 3、8、11、12、13、19、20、21、21-1）：

被保險人因執行職務而致傷害者，為職業傷害。被保險人於勞工保險職業病種類表規定適用職業範圍從事工作，而罹患表列疾病者，為職業病。（傷病準則第 3 條）

被保險人於必要情況下，臨時從事其他工作，該項工作如為雇主期待其僱用勞工所應為之行為而致之傷害，視為職業傷害。（傷病準則第 8 條）

被保險人由於執行職務關係，因他人之行為發生事故而致之傷害，視為職業傷害。（傷病準則第 11 條）

被保險人因執行職務受動物或植物傷害，為職業傷害。（傷病準則第 12 條）

被保險人於執行職務時，因天然災害直接發生事故導致之傷害，不得視為職業傷害。但因天然災害間接導致之意外傷害

或從事之業務遭受天然災害之危險性較高者，不在此限。
（傷病準則第 13 條）

被保險人因執行職務而罹患中央主管機關依據勞工保險職業病種類表第 8 類第 2 項規定核定增列之職業病種類或有害物質所致之疾病，為職業病。（傷病準則第 19 條）

被保險人罹患之疾病，經勞動部職業疾病鑑定委員會鑑定為執行職務所致者，為職業病。（傷病準則第 20 條）

被保險人疾病之促發或惡化與作業有相當因果關係者，視為職業病。（傷病準則第 21 條）

被保險人罹患精神疾病，而該項疾病與執行職務有相當因果關係者，視為職業病。（傷病準則第 21-1 條）

❷ 上下班途中（傷病準則 4）：

被保險人上、下班，於適當時間，從日常居、住處所往返就業場所，或因從事 2 份以上工作而往返於就業場所間之應經途中發生事故而致之傷害，視為職業傷害。被保險人為在學學生或建教合作班學生，於上、下班適當時間直接往返學校與就業場所之應經途中發生事故而致之傷害，亦同。（傷病準則第 4 條）

❸ 執行職務前後（傷病準則 5、6、7、9、10）：

被保險人於作業前後，發生下列事故而致之傷害，視為職業傷害：1）於作業開始前，在等候中，因就業場所設施或管理之缺陷所發生之事故。2）因作業之準備行為及收拾行為所發生之事故。3）於作業終了後，經雇主核准利用就業場所設施，因設施之缺陷所發生之事故。4）因勞務管理上之必要，或在雇主之指揮監督下，從飯廳或集合地點赴工作場所途中

或自工作現場返回事務所途中，為接受及返還作業器具，或受領工資等例行事務時，發生之事故。（傷病準則第 5 條）

被保險人於作業時間中斷或休息中，因就業場所設施或管理上之缺陷發生事故而致之傷害，視為職業傷害。（傷病準則第 6 條）

被保險人於工作時間中基於生理需要於如廁或飲水時發生事故而致之傷害，視為職業傷害。（傷病準則第 7 條）

被保險人因公差由日常居、住處所或就業場所出發，至公畢返回日常居、住處所或就業場所期間之職務活動及合理途徑發生事故而致之傷害，視為職業傷害。（傷病準則第 9 條）

被保險人經雇主指派參加進修訓練、技能檢定、技能競賽、慶典活動、體育活動或其他活動，由日常居、住處所或就業場所出發，至活動完畢返回日常居、住處所或就業場所期間因雇主指派之活動及合理途徑發生事故而致之傷害，視為職業傷害。本條例第 6 條第 1 項第 7 款、第 8 款及第 8 條第 1 項第 4 款規定之被保險人，經所屬團體指派參加前項各類活動，由日常居、住處所或就業場所出發，至活動完畢返回日常居、住處所或就業場所期間因所屬團體指派之活動及合理途徑發生事故而致之傷害，亦同。（傷病準則第 10 條）

❹ 其他（傷病準則 14、15、16、17）：

被保險人利用雇主為勞務管理所提供之附設設施，因設施之缺陷發生事故而致之傷害，視為職業傷害。（傷病準則第 14 條）

被保險人參加雇主舉辦之康樂活動或其他活動，因雇主管理或提供設施之瑕疵發生事故而致之傷害，視為職業傷害。（傷病準則第 15 條）

被保險人因職業傷害或罹患職業病，經雇主同意直接往返醫療院所診療或下班後直接前往診療後返回日常居住處所應經途中發生事故而致之傷害，視為職業傷害。（傷病準則第 16 條）

被保險人於工作日之用餐時間中或為加班、值班，如雇主未規定必須於工作場所用餐，而為必要之外出用餐，於用餐往返應經途中發生事故而致之傷害，視為職業傷害。（傷病準則第 17 條）

❺ 除外規定（傷病準則 18）：

被保險人於第 4 條、第 9 條、第 10 條、第 16 條及第 17 條之規定而有下列情事之一者，不得視為職業傷害：1）非日常生活所必需之私人行為。2）未領有駕駛車種之駕駛執照駕車。3）受吊扣期間或吊銷駕駛執照處分駕車。4）經有燈光號誌管制之交岔路口違規闖紅燈。5）闖越鐵路平交道。6）酒精濃度超過規定標準、吸食毒品、迷幻藥或管制藥品駕駛車輛。7）駕駛車輛違規行駛高速公路路肩。8）駕駛車輛不按遵行之方向行駛或在道路上競駛、競技、蛇行或以其他危險方式駕駛車輛。9）駕駛車輛不依規定駛入來車道。（傷病準則第 18 條）

要保護好自己

從上述定義來看，職業傷害和職業病的範圍非常廣，上班期間長，至少有三分之一的機會可能會對我們造成傷害，保護好自己很重要。萬一發生不幸，至少要先知道是不是職業傷害和職業病。如果是的話，會有相關的給付可以申請，至少可以找勞保和雇主，也會大大減輕財務壓力。至於認為勞保職業災害醫療給付還不夠，就要自行投保商業保險，才能滿足自身的

需求。

延伸閱讀

解釋令

　　有興趣的讀者，可自行參考：勞保局→業務專區→勞工保險→法令規章→行政解釋→給付部分→（二）職業災害認定函（https://www.bli.gov.tw/0013041.html）。例如：

Q38：勞工保險被保險人於上下班途中，順道接送小孩上下幼稚園發生事故而致之傷害，得否視為職業傷害疑義。

A：勞工保險被保險人於上下班，順道接送小孩上下幼稚園發生事故而致之傷害，如其係為上下班之適當時間及應經途中順道路徑之日常行為，且無審查準則第 18 條所列舉之交通違規情事所致者，得視為職業傷害。惟仍應依個案事實予以認定。

或參考：勞動部法律查詢系統，輸入關鍵字或第 0034507 號函。

Q：有關勞保被保險人於返家途中發生事故所致傷害，得否請領勞保職業災害保險傷病給付疑義。

A：查勞工保險被保險人因執行職務而致傷病審查準則第 4 條規定，被保險人上下班，於適當時間，從日常居、住處所往返就業場所之應經途中發生事故而致之傷害視為職業傷害。勞保被保險人平日以宿舍為日常居、住處所，其下班返回宿舍，再自宿舍返家途中，已非屬上下班適當時間及應經途中，其所發生事故，不得請領職業災害保險給付。

（資料來源：https://laws.mol.gov.tw/FLAW/FLAWDOC03.aspx?searchmode=global&datatype=etype&no=FE111264&keyword=0034507）

重要資訊

❶ 勞工保險職業病種類表及增列勞工保險職業病種類項目：共分七大類。（資料來源：勞保局→業務專區→勞工保險→給付業務→職災醫療給付→相關規定→勞工保險職業病種類表及增列勞工保險職業病種類項目，https://www.bli.gov.tw/0006263.html）

❷ 勞工保險塵肺症審定準則：塵肺症 X 光照像分型基準，分 4 型。塵肺症症度區分基準，共 4 症度。（資料來源：勞保局→業務專區→勞工保險→給付業務→職災醫療給付→相關規定→勞工保險塵肺症審定準則，https://www.bli.gov.tw/0006265.html）

❸ 職業醫學科專科醫師及地區醫院以上之醫院專科醫師開具職業病門診單辦法：定義職業醫學科專科醫師和地區醫院以上之醫院專科醫師。（資料來源：勞保局→業務專區→勞工保險→給付業務→職災醫療給付→相關規定→職業醫學科專科醫師及地區醫院以上之醫院專科醫師開具職業病門診單辦法，https://www.bli.gov.tw/0006266.html）

❹ 相關醫療醫院，分北中南東四區，全台只有 10 家。北區有台大、台北榮總和林口長庚。（資料來源：勞動部職業安全衛生署→職業傷病管理服務中心→就醫指南→服務醫院地圖，https://tmsc.osha.gov.tw/center_c.asp）

1-3-2 不管有無加入勞保，發生職災均可請領勞工津貼補助

　　弱勢和無知的勞工，如果不懂自己的權利義務，也不積極爭取，再好的法案對我們勞工而言，都沒有用。整體完整的勞

基法和勞保，一時之間要通盤了解並不容易，從前面幾個章節的簡介，至少會有一些基本的概念。而本文從「發生職災時的勞工津貼補助」談起，聚焦於當勞工發生職災後生活陷入「無奈無助」時，到哪裡去找資源，避免悲劇發生。而發生職災時的勞工津貼補助，不限於勞保身分。

目前台灣的中小企業超過百萬家：全部企業 1,527,272 家，中小企業 1,491,420 家，中小企業比率 97.65%（資料來源：經濟部中小企業處→公開資訊→中小企業統計→108 年中小企業處重要統計表，https://www.moeasmea.gov.tw/files/5369/BC40BBBA-4023-488D-A4CE-BE766FA79C78）。

實務上，許多勞工會落在勞基法的保障範圍（未滿足 5 人以上勞保強制加保規定，例如 3 人小公司），但卻沒有加入勞保（除非自己加入職業工會）。發生職災時，勞方一定可以找資方負責，但能要到多少是另一回事。勞工職災時，跑得了和尚（資方）但跑不了廟（勞保局），可以透過熱心的專業人士詢問和申請，爭取權益，不需要透過「惡質的勞保黃牛」經手。

職災勞工津貼補助

除勞基法及勞保給予職災勞工保障外，「職業災害勞工保護法（簡稱職災保護法）」提供職災勞工補充性之保障，補助對象包括有加勞保職災勞工及未加勞保職災勞工。（資料來源：勞動部職業安全衛生署→職災保護→職災勞工津貼補助，http://www.osha.gov.tw/1106/1176/1177/）

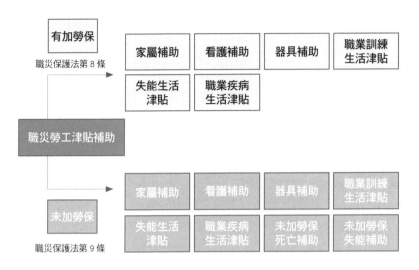

圖 1-3-2-1 職災勞工津貼補助

製圖：吳家揚

有加勞保的補助標準

請領資格、應備書件、應注意事項詳見官網，這裡只列出「補助標準」。（資料來源：勞動部職業安全衛生署→職災保護→職災勞工津貼補助，https://www.osha.gov.tw/1106/1176/1177/1179/）

❶ 家屬補助：一次發給新台幣 10 萬元。

❷ 看護補助：1）每月發給新台幣 12,400 元。2）同一傷病，請領本項補助，其所有請領期間應合併計算，最長發給 5 年。3）本項補助應於屆滿 1 年之日前檢具 3 個月內勞工保險失能診斷書連同申請書送本署辦理續領。4）本項補助，自本署受理申請當月起按月發給，請領期間未滿 1 個月者以 1 個月計。

❸ 器具補助：1）輔助器具類別、補助金額、最低使用年限及各

補助對象資格依照「職業災害勞工輔助器具補助標準表」規定辦理。2）除人工電子耳、點字觸摸顯示器及桌上型擴視機外，每年以補助 4 項輔具為限，補助總金額以新台幣 6 萬元為限。3）經本署核定補助裝配輔助器具者，於最低使用年限內，不得就同一項目再提出申請。

❹ 職業訓練生活津貼：訓練期間，每月發給新台幣 14,800 元。

❺ 失能生活津貼：失能程度相當於勞工保險失能給付標準：1）第 1 至第 3 等級，且喪失全部工作能力者，每月發給新台幣 8,700 元。2）第 2 至第 7 等級，或合併升等後相當於第 1 等級，且喪失部分工作能力者，每月發給新台幣 6,200 元。

❻ 職業疾病生活津貼：失能程度相當於勞工保險失能給付標準：1）第 1 至第 3 等級，且喪失全部工作能力者，每月發給新台幣 8,700 元。2）第 2 至第 7 等級，或合併升等後相當於第 1 等級，且喪失部分工作能力者，每月發給新台幣 6,200 元。3）第 8 至第 10 等級，且喪失部分工作能力者，每月發給新台幣 3,200 元。4）尚未遺存永久失能或失能程度符合第 11 至第 15 等級，且喪失部分工作能力者，每個月發給新台幣 1,900 元。

未加勞保的補助標準

請領資格、應備書件、應注意事項詳見官網，這裡只列出「補助標準」。（資料來源：勞動部職業安全衛生署→職災保護→職災勞工津貼補助，https://www.osha.gov.tw/1106/1176/1177/1180/）

❶ 家屬補助：一次發給新台幣 10 萬元。

❷ 看護補助：1）每月發給新台幣 12,400 元。2）同一傷病，請

領本項補助，其所有請領期間應合併計算，最長發給 3 年。3）本項補助應於屆滿 1 年之日前檢具 3 個月內勞工保險失能診斷書連同申請書送本署辦理續領。4）本項補助，自本署受理申請當月起按月發給，請領期間未滿 1 個月者以 1 個月計。

❸ 器具補助：1）輔助器具類別、補助金額、最低使用年限及各補助對象資格依照「職業災害勞工輔助器具補助標準表」規定辦理。2）除人工電子耳、點字觸摸顯示器及桌上型擴視機外，每年以補助 4 項輔具為限，補助總金額以新台幣 6 萬元為限。3）經本署核定補助裝配輔助器具者，於最低使用年限內，不得就同一項目再提出申請。

❹ 職業訓練生活津貼：訓練期間，每月發給新台幣 14,800 元。

❺ 失能生活津貼：失能程度相當於勞工保險失能給付標準：1）第 1 至第 3 等級，且喪失全部工作能力者，每月發給新台幣 8,700 元。2）第 2 至第 7 等級，或合併升等後相當於第 1 等級，且喪失部分工作能力者，每月發給新台幣 6,200 元。

❻ 職業疾病生活津貼：失能程度相當於勞工保險失能給付標準：1）第 1 至第 3 等級，且喪失全部工作能力者，每月發給新台幣 8,700 元。2）第 2 至第 7 等級，或合併升等後相當於第 1 等級，且喪失部分工作能力者，每月發給新台幣 6,200 元。3）第 8 至第 10 等級，且喪失部分工作能力者，每月發給新台幣 3,200 元。4）尚未遺存永久失能或失能程度符合第 11 至第 15 等級，且喪失部分工作能力者，每個月發給新台幣 1,900 元。

❼ 未加勞保死亡補助：1）無法定遺屬者：一次發給勞保最低月投保薪資 5 個月喪葬補助。2）有法定遺屬者：遺有配偶、子

女及父母、祖父母或專受其扶養之孫子女及兄弟、姊妹者，除上開 5 個月喪葬補助外，另發給勞保最低月投保薪資 40 個月之遺屬補助。3）扣除雇主依勞動基準法第 59 條規定已支付之死亡補償金額。

❽ 未加勞保殘廢補助：1）比照勞工保險條例之標準，按最低投保薪資一次發給最低 330 日，最高 1,800 日之失能補助。2）應扣除雇主依勞動基準法第 59 條規定支付之失能補償金額。

舉例 01

Q：志明在公司任職 3 年，每月工資 3 萬元，為臨時工，公司未加保勞健保。因職災送急救後死亡。死亡後公司不聞不問，志明身故後遺留太太春嬌和 2 位未成年子女，春嬌依照職災保護法有哪些權益可以申請？

A：死亡補助＝24000×45＝1080000 元和家屬補助＝100000 元。

加入勞保好處多

從目前的法律條文來看，「有勞保」的勞工「福利」顯然比「未投保勞保」的勞工好得多。有投保勞保的勞工可以先申請勞保給付應有的權益，再來申請職災勞工津貼補助。

如果屬於弱勢者，應該要「自費」加入職業工會。繳少少的錢，就有大大的保障，好處遠遠多於總繳保費。如果有機會，更應該加入 5 人以上的公司，讓資方幫助負擔大部分的勞保保費，減少個人負擔。

勞保是政府的德政，勞工千萬不要放棄自己的權利。

延伸閱讀

重要法條

❶ 未加入勞工保險而遭遇職業災害之勞工，雇主未依勞動基準法規定予以補償時，得比照勞工保險條例之標準，按最低投保薪資申請職業災害失能、死亡補助。前項補助，應扣除雇主已支付之補償金額。依第 1 項申請失能補助者，其遺存障害須符合勞工保險失能給付標準表第 1 等級至第 10 等級規定之項目及給付標準。雇主依勞動基準法規定給予職業災害補償時，第 1 項之補助得予抵充。（職災保護法第 6 條）

❷ 勞工保險之被保險人，在保險有效期間，於本法施行後遭遇職業災害，得向勞工保險局申請下列補助：1）罹患職業疾病，喪失部分或全部工作能力，經請領勞工保險各項職業災害給付後，得請領生活津貼。2）因職業災害致遺存障害，喪失部分或全部工作能力，符合勞工保險失能給付標準表第 1 等級至第 7 等級規定之項目，得請領失能生活津貼。3）發生職業災害後，參加職業訓練期間，未請領訓練補助津貼或前 2 款之生活津貼，得請領生活津貼。4）因職業災害致遺存障害，必需使用輔助器具，且未依其他法令規定領取器具補助，得請領器具補助。5）因職業災害致喪失全部或部分生活自理能力，確需他人照顧，且未依其他法令規定領取有關補助，得請領看護補助。6）因職業災害死亡，得給予其家屬必要之補助。7）其他經中央主管機關核定有關職業災害勞工之補助。勞工保險效力終止後，勞工保險被保險人，經醫師診斷罹患職業疾病，且該職業疾病係於保險有效期間所致，且未請領勞工保險給付及不能繼續從事工作者，得請領生活津貼。請領第 1 項第 1 款、第 2 款、第 5 款及前項之補助，合計以 5 年為限。（職災保護法第 8 條）

❸ 未加入勞工保險之勞工，於本法施行後遭遇職業災害，符合前條第 1 項各款情形之一者，得申請補助。請領前條第 1 項第 1 款、第 2 款及第 5 款之補助，合計以 3 年為限。（職災保護法第 9 條）

職業災害預防與職災勞工職業重建

　　資料來源：勞動部職業安全衛生署→職災保護→職業災害預防與職災勞工職業重建，https://www.osha.gov.tw/1106/1176/1182/。

職業病鑑定

　　資料來源：勞動部職業安全衛生署→職災保護→職業病鑑定，https://www.osha.gov.tw/1106/1176/1185/。

職災勞工個案服務

　　資料來源：勞動部職業安全衛生署→職災保護→職災勞工個案服務，https://www.osha.gov.tw/1106/1176/2713/。

遭遇職災

　　資料來源：勞保局→分眾導覽→遭遇職災，https://www.bli.gov.tw/0100088.html。

職災勞工權益資源圖

　　資料來源：勞動部→便民服務→服務資源地圖（整合）→職災勞工權益資源圖，https://www.mol.gov.tw/service/2186/26417/26433/。

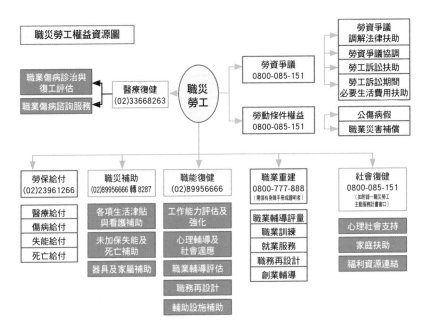

圖 1-3-2-2 職災勞工權益資源圖

資料來源：勞動部

1-4 勞保失能給付

　　從生病到失能，這些資源不能錯過：重大傷病卡、身心障礙證明、勞保傷病給付（CH1. 1-2）、勞保失能給付。本文只討論勞保失能給付，重大傷病卡可參考健保署→重大傷病證明卡申請與換發注意事項（https://www.nhi.gov.tw/Content_List.aspx?n=79D6E650314D0CB5&topn=5FE8C9FEAE863B46），而身心障礙證明可參考衛生福利部→衛生福利 e 寶箱→身心障礙（https://www.mohw.gov.tw/cp-88-235-1-45.html）。

　　一般人退休時會記得去申請退休金，就是申請勞保老年給

付和勞退。但發生失能時，就顯得徬徨無助，也不知道要申請。在還沒真正退休退保之前，勞保的失能給付算是雪中送炭。在人生的中繼站，是勞保給付對勞工的幫助最大。搞懂勞保失能給付，才不會吃虧。

被保險人發生失能或死亡保險事故，被保險人或其遺屬同時符合國民年金保險給付條件時，僅得擇一請領。（勞保第74-2 條）

請求權（勞保第 30 條）

自得請領之日起，因 5 年間不行使而消滅。

資格

❶ 遭遇「普通傷害或罹患普通疾病」或「職業傷害或罹患職業病」，經治療後，症狀固定，被診斷為永久失能，並符合失能給付標準規定者，請領失能補助費。（勞保第 53 條、第54 條）

❷ 失能年金給付：經審定失能狀態符合失能給付標準附表所定失能狀態列有「終身無工作能力」者，共計 20 項。經審定失能程度符合第 1 至 7 等級，並經個別化專業評估工作能力減損達 70%以上，且無法返回職場者。

❸ 失能一次金：失能狀態符合失能給付標準附表規定，但未達「終身無工作能力」之給付項目者，共計 201 項。失能狀態符合「終身無工作能力」之給付項目者，且於民國 98 年 1 月1 日勞保年金施行前有保險年資者，亦得選擇一次請領失能給付，經保險人核付後，不得變更。（勞保第 53 條）

❹ 失能項目：依勞工保險失能給付標準及其附表，以身體失能

部位不同計分：精神、神經、眼、耳、鼻、口、胸腹部臟器、軀幹、頭臉頸、皮膚、上肢、下肢等 12 個失能種類、221 個失能項目、15 個失能等級。（資料來源：勞保局→業務專區→勞工保險→給付業務→失能給付→常見問答→ 1. 失能給付的請領資格及給付標準各如何？https://www.bli.gov.tw/0103058.html）

❺ 被保險人在保險有效期間發生傷病事故，於保險效力停止後 1 年內，得請領同一傷病及其引起之疾病之傷病給付、失能給付、死亡給付或職業災害醫療給付。（勞保第 20 條）

給付標準

❶ 依勞保第 53 條和第 54 條，勞工保險失能給付標準（簡稱勞保失能）第 5 條，年金和一次金給付整理如圖所示：

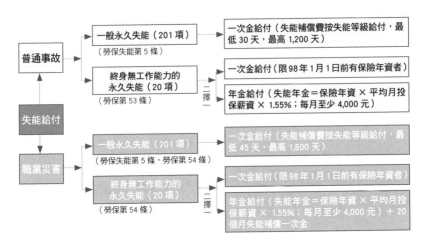

圖 1-4-1 失能給付

製圖：吳家揚

❷ 一次金給付表：

表 1-4-1 一次金給付表

失能等級	普通傷病失能補助費給付標準	職業傷病失能補償費給付標準
1	1,200 日	1,800 日
2	1,000 日	1,500 日
3	840 日	1,260 日
4	740 日	1,110 日
5	640 日	960 日
6	540 日	810 日
7	440 日	660 日
8	360 日	540 日
9	280 日	420 日
10	220 日	330 日
11	160 日	240 日
12	100 日	150 日
13	60 日	90 日
14	40 日	60 日
15	30 日	45 日

資料來源：勞保失能第5條，上述失能等級及給付標準，於請領失能年金給付者不適用之。勞保第54條。
整理：吳家揚

1. 失能年金＝保險年資×平均月投保薪資×1.55%；每月至少 4,000 元。
2. 普通傷病失能一次金給付＝平均日投保薪資×普通傷病失能等級天數
3. 職業傷病失能一次金給付＝平均日投保薪資×職業傷病失能等級天數

這裡的「失能年金」是指「平均月投保薪資」，是按被保險人加保期間最高 60 個月之月投保薪資予以平均計算；如果參加勞保未滿 5 年，就會按實際投保年資之平均月投保薪資來計算。而「失能補償費和一次發給 20 個月職業傷病失能補償一次金」是按被保險人發生保險事故之當月起「前 6 個月」之實際月投保薪資平均計算；平均日投保薪資以平均月投保薪資除以 30 計算之。

合併勞工保險失能年金給付及國民年金保險身心障礙年金給付後，金額不足新台幣 4,000 元者，按新台幣 4,000 元發給。

❸ 請領失能年金給付者，同時有符合下列條件之眷屬時，每 1 人加發金額 25%之眷屬補助，最多加計 50%。

表 1-4-2 請領失能年金給付者之眷屬應符合條件

配偶	子女
配偶應符合下列條件之一： 1. 配偶應年滿 55 歲且婚姻關係存續 1 年以上，但無謀生能力或有扶養符合規定之子女者，不在此限。 2. 配偶應年滿 45 歲且婚姻關係存續 1 年以上，且每月工作收入未超過投保薪資分級表第 1 級。	子女應符合下列條件之一，但養子女須有收養關係 6 個月以上： 1. 未成年。 2. 無謀生能力。 3. 25 歲以下，在學，且每月工作收入未超過投保薪資分級表第 1 級。

資料來源：勞保第54-2條
整理：吳家揚

舉例 01

Q：志明經評估為 1 級失能且終身無工作能力，投保年資 28.5 年，最近 10 年的投保薪資都是 43,900 元。可申請失能年金給付＝43900×28.5×1.55%＝19393 元到身故。或普通傷病失能一次金給付＝（43900／30）×1200＝1756000 元。二擇一。

假設志明有配偶和 1 名子女，且符合眷屬條件，每人加發 25%，最多加 50%。可申請失能年金給付＝43900×28.5×1.55%×1.5＝29089 元。

如果是因為職災或職業病造成，除領取失能年金給付 29,089 元外，還可以加發職災失能補償一次金 20 個月＝43900×20＝878000 元。或職災傷病失能給付＝43900／30×1800＝2634000 元。二擇一。

表 1-4-3 眷屬有下列情形之一，其加給失能補助應停止發給

配偶	子女
1. 再婚。 2. 未滿 55 歲，且其扶養之子女不符合所定請領條件。 3. 不符合配偶所定請領條件。 4. 入獄服刑、因案羈押或拘禁、失蹤。	1. 不符子女所定之請領條件。 2. 入獄服刑、因案羈押或拘禁、失蹤。

資料來源：勞保第54-2條
整理：吳家揚

④ 眷屬有表 1-4-3 情形之一時，其加給眷屬補助應停止發給。

⑤ 身體原已局部失能，再因傷病致身體之同一部位失能程度加重或不同部位發生失能者，保險人應按其加重部分之失能程度，依失能給付標準計算發給失能給付。但合計不得超過第 1 等級之給付標準。（勞保第 55 條）

⑥ 領取失能年金給付後，應至少每 5 年審核其失能程度。但經保險人認為無須審核者，不在此限。依規定審核領取失能年金給付者之失能程度，認為已減輕至不符合失能年金請領條件時，應停止發給其失能年金給付，另發給失能一次金。（勞保第 56 條）→之前領取的失能年金，領了就領了，不會被扣除。

⑦ 前項被保險人具有國民年金保險年資者，得依各保險規定分別核計相關之年金給付，並由保險人合併發給，其所需經費由各保險分別支應。（勞保第 53 條）

⑧ 被保險人或其受益人符合請領失能年金、老年年金或遺屬年金給付條件時，應擇一請領失能、老年給付或遺屬津貼。（勞保第 65-3 條）

舉例 02

Q：志明 63 歲，勞保加保 28.5 年，已符合老年給付請領條件，但因意外經評估為 1 級失能且終身無工作能力，可否分別請領老年年金及失能年金給付？

A：不可以。即被保險人僅能就老年年金或失能年金給付擇一請領，不得同時具領。

（參考資料：勞保局→業務專區→勞工保險→給付業務→失能給付→常見問答→ 6. 勞保被保險人年逾 60 歲，加保 20 年餘，因腦溢血經治療後呈植物人狀態，可否分別請領老年年金及失能年金給付？https://www.bli.gov.tw/0103049.html。）

❾ 本保險之年金給付金額，於中央主計機關發布之消費者物價指數累計成長率達正負 5%時，即依該成長率調整之。（勞保第 65-4 條）

退保（勞保第 57 條）

經評估為終身無工作能力，領取失能給付者，應予退保。

延伸閱讀

申請文件

（資料來源：勞保局→業務專區→勞工保險→書表下載→給付業務所需表格→失能給付 https://www.bli.gov.tw/0005517.html）

❶ 失能給付申請書。

❷ 勞工保險塵肺症診斷書 A3 版。

❸ 勞工保險失能診斷書樣本。

❹ 勞工保險職業病職歷報告書。

❺ 勞工保險被保險人職業別及工作內容說明書（失能年金個別化專業評估專用）。

❻ 勞工保險被保險人上下班、公出途中發生事故而致傷害證明書。

❼ 失能年金加發眷屬補助申請書。

❽ 失能給付差額申請書。

解釋令

有興趣的讀者，可自行參考：勞保局→業務專區→勞工保險→法令規章→行政解釋→給付部分→（五）失能給付（https://www.bli.gov.tw/0016179.html）。例如：

Q5：有關勞保被保險人之身體原已局部失能，再因傷病致不同部位發生失能，其失能給付應如何發給疑義。

A：1. 依勞工保險失能給付標準第 6 條第 2 項第 2 款規定，被保險人之失能狀態符合本標準附表之任何兩項目以上者，除依第 3 款至第 6 款規定辦理外，按其最高失能等級核定之。按有關被保險人失能給付之審核，已於上開標準及其附表所定之審核基準明定之，故被保險人之身體原已局部失能，再因傷病致同一部位失能程度加重或不同部位發生失能者，保險人應依勞工保險失能給付標準及其附表規定，綜合審定其失能程度並核定其失能等級，扣除原已局部失能給付部分核給失能給付。2. 本會87 年 9 月 24 日台 87 勞保 2 字第 040753 號函及 88 年 11 月 10 日台 88 勞保 2 字第 0049685 號函，自即日起停止適用。行政院

勞工委員會 98 年 9 月 30 日勞保 2 字第 0980140473 號函。

重要訊息

　　這裡的資料非常豐富，提供做參考。尤其是失能種類圖示說明，清楚標示一次金給付日數。資料來源：勞保局→業務專區→勞工保險→給付業務→失能給付→相關規定，https://www.bli.gov.tw/0005810.html。

❶ 衛生福利部醫院評鑑優等以上、醫院評鑑合格之醫學中心或區域醫院、醫院評鑑及教學醫院評鑑合格之全民健康保險特約醫院名單。

❷ 勞工保險被保險人因執行職務而致傷病審查準則。

❸ 失能給付標準。

❹ 勞工保險職業病種類表及增列勞工保險職業病種類項目。

❺ 勞工保險塵肺症審定準則。

❻ 現金給付以郵局或金融機構媒體轉帳請領方式說明。

❼ 平均月投保薪資與保險年資計算說明。

❽ 失能種類圖示說明。

❾ 勞保失能診斷書 FAQ。

❿ 勞工保險被保險人退保後罹患職業病者請領職業災害保險失能給付辦法。

⓫ 勞動部勞工保險局委託辦理勞工保險失能年金給付個別化專業評估作業要點（民國 104 年 11 月 18 日修正）。

1-5 勞保老年給付（勞工退休金來源一）

　　可以平平安安領到退休金，是一件很快樂的事。退休金分為兩類：1. 勞保老年給付（勞保），是依據「勞工保險條例」。2. 勞工退休金（勞退），是依據「勞動基準法（舊制）」及「勞工退休金條例（新制）」。本文先討論勞保老年給付，而勞工退休金將在 CH5. 和 CH6. 討論。

　　一般人常常搞不清楚，勞保和勞退的差別。這是兩種分別獨立的錢，勞保有破產問題，所以需要改革，而勞退從頭到尾都是自己的錢，沒有破產的問題。勞保和勞退新制的收支保管單位都是「勞保局」，而勞退舊制的收支保管單位為「台灣銀行信託部」。台灣銀行信託部的「勞工退休準備金專戶」所有權為雇主，會有看得到卻吃不到的問題；而勞保局的「勞工退休金專戶」所有權為勞工，完全不會有問題。

　　勞保老年給付可區分為「新制」和「舊制」，都以「平均月投保薪資」為計算標準，有 3 種情境。民國 98 年 1 月 1 日前有投保年資者，可以選擇新制或舊制。而民國 98 年 1 月 1 日後才投保者，只能選擇新制。老年給付請領時才決定採用新制或舊制，不需要現在決定。民國 98 年 1 月 1 日前有保險年資者，除依規定請領老年給付外，亦得選擇一次請領老年給付，經保險人核付後，不得變更（勞保第 58 條）。

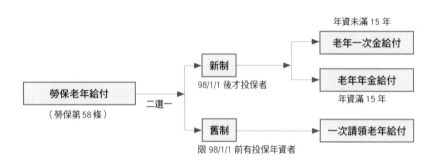

圖 1-5-1 老年給付

製圖：吳家揚

請求權（勞保第 58 條）

　　沒有期限。

資格（勞保第 58 條）

【情境 1】老年年金給付（勞保新制）：年滿 60 歲，保險年資合計滿 15 年者，辦理離職退保者。

表 1-5-1 勞保老年年金法定請領年齡與出生年次對照表

出生年次		46年(含)以前	47	48	49	50	51	52年(含)以後
法定請領年齡	年齡	60	61	62	63	64	65	65
	民國	98-106	108	110	112	114	116	117(含)以後
請領減給年齡	年齡	55-59	56-60	57-61	58-62	59-63	60-64	60-64
	民國	98-105	103-107	105-109	107-111	109-113	111-115	112(含)以後以 65 歲計算提前請領年度，最多提前 5 年

資料來源：勞保局➜業務專區➜勞工保險➜給付業務➜老年給付➜請領資格
https://www.bli.gov.tw/0004856.html

擔任具有危險、堅強體力等特殊性質之工作合計滿 15 年，年滿 55 歲，並辦理離職退保者。勞動部改制前之行政院勞工委員會民國 97 年 12 月 25 日勞保 2 字第 0970140623 號令：「具有危險、堅強體力等特殊性質之工作」，指從事符合異常氣壓危害預防標準規定之下列工作，並自中華民國 98 年 1 月 1 日生效：高壓室內作業和潛水作業。請注意，這一點不適用上表，還有「展延年金」和「減給年金」。（資料來源：勞保局→業務專區→勞工保險→給付業務→老年給付→請領資格，https://www.bli.gov.tw/0004856.html）

【情境 2】老年一次金給付（勞保新制）：年滿 60 歲，保險年資合計未滿 15 年者，辦理離職退保者。

表 1-5-2 老年一次金給付請領年齡與出生年次對照表

出生年次	46 年（含）以前	47	48	49	50	51 年（含）以後
民國	98-106	108	110	112	114	116（含）以後
請領年齡	60	61	62	63	64	65

資料來源：勞保局➔業務專區➔勞工保險➔給付業務➔老年給付➔請領資格
https://www.bli.gov.tw/0004856.html

【情境 3】一次請領老年給付（勞保舊制）：民國 98 年 1 月 1 日前有保險年資者，符合下列規定之一時，得選擇一次請領老年給付，經保險人核付後，不得變更。

圖 1-5-3 一次請領老年給付資格

	男	女	投保年資
屆齡老年給付	60 歲	55 歲	1 年
標準老年給付	55 歲	55 歲	15 年
長期工作老年給付	同一投保單位：無年齡限制		25 年
	不同投保單位：50 歲		25 年
特殊工作老年給付	高壓室內作業和潛水作業：55 歲		5 年

製表：吳家揚

給付標準

❶ 「平均月投保薪資」，在新制情境 1 和情境 2，是指加保期間最高 60 個月之月投保薪資予以平均計算；參加保險未滿 5 年者，按其實際投保年資之平均月投保薪資計算。而舊制情境 3，是指退保之當月起前 3 年之實際月投保薪資平均計算；參加保險未滿 3 年者，按其實際投保年資之平均月投保薪資計算。

【情境 1】老年年金給付：民國 98 年 1 月 1 日以後投保者，只有新制年資者，老年年金給付（年資大於 15 年），計算基礎為「加保期間最高 60 個月平均月投保薪資」。（勞保第 58-1 條）

> **公式**
>
> 公式 A ＝平均月投保薪資×年資×0.775%＋3000。
> 公式 B ＝平均月投保薪資×年資×1.55%。
> 以公式 A 或 B 計算，擇優領取。原則上薪資越高和年資越多者，選 B 較有利。

符合請領老年年金給付條件而延後請領者，於請領時應發給展延老年年金給付。每延後 1 年，依規定計算之給付金額增給 4%，最多增給 20%。保險年資滿 15 年，符合一定條件，得提前 5 年請領老年年金給付，每提前 1 年，依規定計算之給付金額減給 4%，最多減給 20%。（勞保第 58-2 條）

舉例 01

Q：45 年次的志明，當滿 60 歲退休時，申請老年年金給付，投保年資 28.5 年，最近 10 年的投保薪資都是 43,900 元。

A：1. A＝43900×28.5×0.755%＋3000＝12696
　　　B＝43900×28.5×1.55%＝19393
　　　志明應擇優選擇 19,393 元的老年年金給付。

　　2. 如果志明提前 3 年，滿 57 歲時，申請老年給付，投保年資變成 25.5 年
　　　A＝（43900×25.5×0.755%＋3000）×（1-3×4%）＝10078
　　　B＝43900×25.5×1.55%×（1-3×4%）＝15269
　　　志明應擇優選擇 15,269 元的老年年金給付。

　　3. 如果志明延後 3 年，滿 63 歲時，申請老年給付，投保年資變成 31.5 年
　　　A＝（43900×31.5×0.755%＋3000）×（1+3×4%）＝15053
　　　B＝43900×31.5×1.55%×（1+3×4%）＝24006
　　　志明應擇優選擇 24,006 元的老年年金給付。
　　　志明應視自己的財務和體況，來評估自己的老年年金給付。

【情境 2】老年一次金給付：民國 98 年 1 月 1 日以後投保者，只有新制年資者，老年一次金給付（年資小於 15 年），計算基礎為「加保期間最高 60 個月平均月投保薪資」。

公式

公式＝【（1~15 年年資）×1 基數＋（16 年以後年資）×2 基數】×平均月投保薪資，「基本」老年給付最高 45 基數。如逾 60 歲繼續工作者，其逾 60 歲以後之保險年資最多以 5 年計，但合併 60 歲以前之老年給付，最高以 50 個基數計算。（勞保第 59 條）

當勞保年資大於 15 年時，只會給付老年年金，而年資小於 15 年，才會有一次金給付。所以公式會變成＝【（1~15 年年資）×1 基數】×平均月投保薪資。保險年資合計每滿 1 年，按其平均月投保薪資發給 1 個月。保險年資未滿 1 年者，依其實際加保月數按比例計算；未滿 30 日者，以 1 個月計算。逾 60 歲以後之保險年資，最多以 5 年計。（參考資料：勞保局→業務專區→勞工保險→給付業務→老年給付→給付標準，https://www.bli.gov.tw/0004857.html）

【情境 3】一次請領老年給付：民國 98 年 1 月 1 日以前有投保年資者，計算基礎為「退保之當月起最近 36 個月平均月投保薪資」。

公式

公式＝【（1~15 年年資）×1 基數＋（16 年以後年資）×2 基數】×平均月投保薪資，「基本」老年給付最高 45 基數。如逾 60 歲繼續工作者，其逾 60 歲以後之保險年資最多以 5 年計，但合併 60 歲以前之老年給付，最高以 50 個基數計算。（勞保第 59 條）

> 承續上述的例子，假設志明都在同一家公司上班，他可以申請一次請領老年給付。當滿 60 歲退休時，可申請 42 個基數（15×1＋13.5×2）：43900×42＝1843800 元。當 57 歲退休時，可申請 36 個基數（15×1＋10.5×2）：43900×36＝158040 元。而 63 歲退休時，可申請 48 個基數（15×1＋13.5×2＋3×2）：43900×48＝2107200 元。

❷ 符合本保險及國民年金保險老年給付請領資格者，按其各該保險之年資，依規定分別計算後合併發給。於各該保險之年資，未達請領老年年金給付之年限條件，而併計他保險之年資後已符合者，亦得請領老年年金給付。發生失能或死亡，被保險人或其遺屬同時符合國民年金保險給付條件時，僅得擇一請領。（勞保第 74-2 條，國民年金法第 32 條）

❸ 被保險人或其受益人符合請領失能年金、老年年金或遺屬年金給付條件時，應擇一請領失能、老年給付或遺屬津貼。（勞保第 65-3 條）

❹ 如果已經向勞保局請領勞保老年給付，就不能申請失能給付。如果還沒請領勞保老年給付，就可向勞保局申請失能給付。（參考資料：勞保局→交流園地→勞保局資訊站→108 年度→4 月→108.04.08——領取勞保老年給付後，可否再請領失能給付？https://www.bli.gov.tw/0103542.html）

❺ 本保險之年金給付金額，於中央主計機關發布之消費者物價指數累計成長率達正負 5%時，即依該成長率調整之。（勞保第 65-4 條）

❻ 勞保與國保年資合併後的老年給付，請參考國保老年年金給付的舉例。

退保（勞保第 58 條）

❶ 依規定請領老年給付者，應辦理離職退保。

❷ 被保險人已領取老年給付者，不得再行參加勞工保險。

延伸閱讀

申請文件

（資料來源：勞保局→業務專區→勞工保險→書表下載→給付業務所需表格→老年給付，https://www.bli.gov.tw/0005517.html）

❶ 老年給付申請書。

❷ 老年給付差額申請書。

❸ 同時請領勞保及國保老年年金給付申請書。

❹ 同意投保單位代為線上申辦勞保老年給付同意書。

解釋令

有興趣的讀者，可自行參考：勞保局→業務專區→勞工保險→法令規章→行政解釋→給付部分→（六）老年給付（https://www.bli.gov.tw/0013045.html）。例如：

Q2：勞保被保險人於保險有效期間，因病死亡前已符合請領老年給付條件者，如受領人願意放棄請領死亡給付，得選擇請領老年給付。

A：勞保被保險人於保險有效期間因病死亡者，得依勞工保險條例第 63 條規定請領死亡給付。惟該等被保險人於死亡前，如已符合同條例第 58 條請領老年給付之年資或年齡條件，其當序受領人願意放棄請領死亡給付選擇請領老年給付，准依同條例有關老年給付規定辦理。行政院勞工委員會 77 年 12 月 15 日台 77

勞保 2 字第 28483 號函。

A：關於勞保被保險人於保險有效期間因病死亡，其死亡前如已符合請領老年給付之年資暨年齡條件，其受益人如選擇請領老年給付，則其老年給付之保險事故日期，以該被保險人死亡之日為準。行政院勞工委員會 78 年 2 月 24 日台 78 勞保 2 字第 04098 號函。

1-6 勞保死亡給付

　　身邊有人死亡，總是令人難受。而年紀越來越增長，面對生離死別的狀況，也只會越來越多。不幸遇到家人死亡，如果死者是一家經濟的重要來源，除了要勇敢面對外，也有勞保相關死亡給付，可以在財務上幫忙渡過難關。

　　被保險人發生失能或死亡保險事故，被保險人或其遺屬同時符合國民年金保險給付條件時，僅得擇一請領。（勞保第 74-2 條）

請求權（勞保第 30 條）
　　自得請領之日起，因 5 年間不行使而消滅。

資格
❶ 被保險人之父母、配偶或子女死亡時（勞保第 62 條）

❷ 被保險人在保險有效期間死亡時，除由支出殯葬費之人請領喪葬津貼外，遺有配偶、子女、父母、祖父母、受其扶養之孫子女或受其扶養之兄弟、姊妹者，得請領遺屬年金給付。

❸ 被保險人退保，於領取失能年金給付或老年年金給付期間死亡者，或被保險人保險年資滿 15 年，並符合第 58 條第 2 項各款所定之條件，於未領取老年給付前死亡者，其符合前條第 2 項規定之遺屬，得請領遺屬年金給付。（勞保第 63-1 條）

表 1-6-1 被保險人死亡，其配偶、子女、父母、祖父母、孫子女或兄弟、姊妹得請領遺屬年金給付之條件

配偶	符合下列條件之一： 1. 配偶應年滿 55 歲且婚姻關係存續 1 年以上，但無謀生能力或有扶養符合規定之子女者，不在此限。 2. 配偶應年滿 45 歲且婚姻關係存續 1 年以上，且每月工作收入未超過投保薪資分級表第 1 級。
子女	子女應符合下列條件之一，但養子女須有收養關係 6 個月以上： 1. 未成年。 2. 無謀生能力。 3. 25 歲以下，在學，且每月工作收入未超過投保薪資分級表第 1 級。
父母、祖父母	父母、祖父母年滿 55 歲，且每月工作收入未超過投保薪資分級表第 1 級者。
孫子女	符合下列條件之一： 1. 未成年。 2. 無謀生能力。 3. 25 歲以下，在學，且每月工作收入未超過投保薪資分級表第 1 級。
兄弟、姊妹	符合下列條件之一： 1. 未成年。 2. 無謀生能力。 3. 年滿 55 歲，且每月工作收入未超過投保薪資分級表第 1 級。

資料來源：勞保第 63 條
整理：吳家揚

❹ 受領遺屬年金給付及遺屬津貼之順序如下：1）配偶及子女。2）父母。3）祖父母。4）孫子女。5）兄弟、姊妹。前項當序受領遺屬年金給付或遺屬津貼者存在時，後順序之遺屬不得請領。前項第一順序之遺屬全部不符合請領條件，或有下列情形之一且無同順序遺屬符合請領條件時，第二順序之遺屬得請領遺屬年金給付：1）在請領遺屬年金給付期間死亡。2）行蹤不明或於國外。3）提出放棄請領書。4）於符合請領條件起 1 年內未提出請領者。前項遺屬年金嗣第一順序之遺屬主張請領或再符合請領條件時，即停止發給，並由第一順序之遺屬請領；但已發放予第二順位遺屬之年金不得請求返還，第一順序之遺屬亦不予補發。（勞保第 65 條）→上述4）第二順序遺屬，最快於第 13 個月才能請領。

❺ 被保險人在保險有效期間發生傷病事故，於保險效力停止後 1 年內，得請領同一傷病及其引起之疾病之傷病給付、失能給付、死亡給付或職業災害醫療給付。（勞保第 20 條）

給付標準

❶ 喪葬津貼彙整如圖 1-6-1。

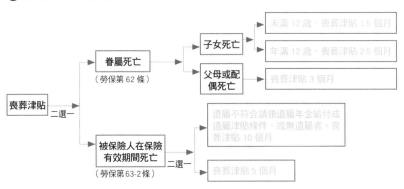

圖 1-6-1 喪葬津貼

製圖：吳家揚

這裡的「喪葬津貼」是按被保險人發生保險事故之當月起「前 6 個月」之實際月投保薪資平均計算。

被保險人死亡，得由支出殯葬之人請領喪葬津貼 5 個月，如其家屬（配偶、父母、子女）同為勞工保險之被保險人，依「同一事故不得重複請領」規定，不得再申請家屬死亡喪葬津貼，惟如家屬死亡喪葬津貼優於本人死亡喪葬津貼 5 個月，家屬得放棄申請本人死亡喪葬津貼，改領家屬死亡喪葬津貼。（資料來源：勞保局→業務專區→勞工保險→常見問答→給付業務→死亡給付→家屬死亡給付，https://www.bli.gov.tw/0017511.html）

❷ 被保險人在保險時間死亡時，可以擇一請領：「喪葬津貼 10 個月」，或「遺屬津貼+喪葬津貼 5 個月」，或「遺屬年金+喪葬津貼 5 個月」。（勞保第 63 條，勞保第 63-2 條）

❸ 在領取老年年金期間死亡，不可以請領勞保喪葬津貼。（資料來源：勞保局→業務專區→勞工保險→常見問答→給付業務→本人死亡給付，https://www.bli.gov.tw/0017499.html）

❹ 遺屬津貼和遺屬年金彙整如圖 1-6-2。

這裡的「平均月投保薪資」是按被保險人加保期間最高 60 個月之月投保薪資予以平均計算；如果參加勞保未滿 5 年，就會按實際投保年資之平均月投保薪資來計算。而「遺屬津貼」是按被保險人發生保險事故之當月起「前 6 個月」之實際月投保薪資平均計算。

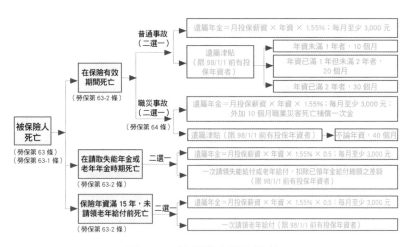

圖 1-6-2 被保險人死亡給付

製圖：吳家揚

舉例 01

Q：春嬌在保險有效期間內死亡，投保年資 28.5 年，最近 10 年的投保薪資都是 24,000 元。配偶志明投保年資 28.5 年，最近 10 年的投保薪資都是 43,900 元。遺屬可以申請多少錢？

A：1. 若考慮請領遺屬津貼＋喪葬津貼：

【方案一】：遺屬津貼（30 個月）＋春嬌本人的喪葬津貼（5 個月）＝24000×30+24000×5＝840000 元。

【方案二】：遺屬津貼（30 個月）＋志明當眷屬的喪葬津貼（3 個月）＝24000×30＋43900×3＝851700 元。

2. 若考慮領取遺屬年金＋喪葬津貼：

【方案一】：遺屬年金＝24000×28.5×1.55%＝10602，外加春嬌本人的喪葬津貼 5 個月＝24000×5＝120000 元。

（接下頁）

【方案二】：遺屬年金＝24000×28.5×1.55%＝10602，外加志明當眷屬的喪葬津貼 3 個月＝43900×3＝131700 元。

喪葬津貼，本例以「方案二」較優。

❺ 民國 98 年 1 月 1 日前有保險年資者，其遺屬除得請領年金給付外，亦得選擇一次請領遺屬津貼，經保險人核付後，不得變更。（勞保第 63 條）

舉例 02

Q：志明在保險有效期間內死亡，投保年資 28.5 年，最近 10 年的投保薪資都是 43,900 元。配偶早已離婚再嫁，家裡剩下 26 歲獨生子。遺屬應怎麼申請死亡給付最優？

A：一開始獨生子申請遺屬年金，但因請領遺屬年金資格不符規定，勞保局死亡給付科不會核准。死亡給付科會請遺屬申請一次請領遺屬津貼 30 個月，再加上 5 個月的喪葬津貼，共領 43900×35＝1536500 元。
本例應該要申請「一次請領遺屬津貼」。

舉例 03

Q：志明在保險領取失能期間內死亡，投保年資 28.5 年，最近 10 年的投保薪資都是 43,900 元。配偶早已離婚再嫁，家裡剩下 26 歲獨生子。遺屬應怎麼申請最優？

A：獨生子先申請遺屬年金，但因請領遺屬年金資格不符規定，被勞保局失能給付科打回票，退回到死亡給付科，最後死亡給付科核定可領取差額給付。
本例應該要申請「差額給付」。

❻ 遺屬年金給付於同一順序之遺屬有 2 人以上時，每多 1 人加發依第 1 項第 2 款及前項規定計算後金額之 25%，最多加計 50%。（勞保第 63-2 條）

舉例 04

> Q：志明上班途中車禍，在保險有效期間內死亡，投保年資 28.5 年，最近 10 年的投保薪資都是 43,900 元。遺屬可申請多少錢？
>
> A：可申請遺屬年金給付＝43900×28.5×1.55%＝19393 元。喪葬津貼＝43900*5＝219500 元。
>
> 因為是職災造成，還可以加領職災死亡補償一次金 10 個月＝43900×10＝439000 元。
>
> 假設志明有配偶和 2 名子女，且符合申請條件。每人加發 25%，最多加 50%。可申請遺屬年金給付＝43900×28.5×1.55%×1.5＝29089 元。或志明配偶可以直接領取 5 個月的喪葬津貼和 40 個月的一次請領遺屬津貼，合計 45 個月＝43900×45＝1975500 元。
>
> 選擇一次金或年金，視需求而定。
>
> 但志明如果在領取老年年金或失能年金期間死亡，可申請遺屬年金給付＝（43900×28.5×1.55%×0.5）×1.5＝9696×1.5＝14545 元，但沒有喪葬津貼。

❼ 遺屬具有受領 2 個以上遺屬年金給付之資格時，應擇一請領。本條例之喪葬津貼、遺屬年金給付及遺屬津貼，以 1 人請領為限。（勞保第 63-3 條）

> Q：志明單身無子女，有年邁父母，今年因上班途中車禍死亡，投保年資 28.5 年，最近 10 年的投保薪資都是 43,900 元。遺屬可申請多少錢？

> A：志明職災，遺屬第一順位為父母，父母可領職災遺屬津貼 40 個月和喪葬津貼 5 個月。假設喪葬津貼由父親申請。
> 父親可申請：職災遺屬津貼 20 個月和喪葬津貼 5 個月 ＝43900×25＝1097500 元。
> 母親可申請：職災遺屬津貼 20 個月＝43900×20＝ 878000 元。

❽ 被保險人或其受益人符合請領失能年金、老年年金或遺屬年金給付條件時，應擇一請領失能、老年給付或遺屬津貼。（勞保第 65-3 條）

❾ 本保險之年金給付金額，於中央主計機關發布之消費者物價指數累計成長率達正負 5% 時，即依該成長率調整之。（勞保第 65-4 條）

❿ 被保險人失能狀態符合失能給付標準附表所定失能狀態列有「終身無工作能力」者，如於民國 98 年 1 月 1 日前有保險年資，經選擇領取失能給付一次金，日後死亡時，其受益人不得再行請領遺屬年金或遺屬津貼。惟如選擇領取失能年金給付，日後死亡時，則得由其受益人選擇請領遺屬年金（按失能年金給付標準半數發給）或一次請領失能給付扣除已領失能年金給付總額之差額。（參考資料：勞保局→業務專區→勞工保險→給付業務→失能給付→常見問答→7. 被保險人因重度失能，是否不論領取失能給付一次金或失能年金給付，日後死亡均不得再行請領死亡給付？https://www.bli.gov.tw/0103050.html）

舉例 06

Q：志明因職災導致終身無法工作，經治療後被判定為 2 級
失能，投保年資 28.5 年，最近 10 年的投保薪資都是
43,900 元。配偶已死亡，家裡剩下 26 歲獨生子。志明
可申請失能給付多少錢？

A：志明有 2 種方式領取失能給付：

若請領一次金給付＝（43900／30）×1500＝2195000
元。

若請領年金＝43900×28.5×1.55%＝19393 元可到身
故，還可以加領職災失能補償一次金＝43900×20＝
878000 元。

假設志明於領取失能年金給付期間死亡，符合條件之遺
屬得請領遺屬年金，且於民國 98 年 1 月 1 日前有保險
年資，其遺屬亦得選擇一次請領失能給付扣除已領年金
給付總額之差額。

（2195000－878000）／19393＝67.9 個月，志明若選
擇失能年金，約領 5 年 8 個月，總計領取金額即可超過
一次請領失能給付金額。

假若志明在領取失能年金期間過世，所領年金總額未達
2,195,000 元時，其符合條件的遺屬可選擇將差額金領
回，或是選擇請領遺屬年金，而遺屬年金＝43900×
28.5×1.55%×0.5＝9696 元。志明的獨生子不符合遺
屬資格，所以只能申請差額。

（參考資料：勞保局→交流園地→勞保局資訊站→106
年度→3 月→ 106.03.27 —— 請領勞保失能年金或一次
失能給付的選擇，https://www.bli.gov.tw/0022426.
html）

舉例 07

Q：45 年次的志明在 60 歲退保申請老年給付，投保年資 31 年，最近 10 年的投保薪資都是 43,900 元。配偶已死亡，家裡還剩下 26 歲獨生子。志明可申請老年給付多少錢？

A：志明有 2 種方式領取老年給付：

1. 31 年為 45 個基數（15×1＋16×2＝47＞45），若一次請領老年給付＝43900×45＝1975500 元。

2. 若請領老年年金＝43900×31×1.55%＝21094 元可到身故。

   假設志明於領取老年年金給付期間死亡，符合條件之遺屬得請領遺屬年金，且於民國 98 年 1 月 1 日前有保險年資，其遺屬亦得選擇一次請領老年給付扣除已領年金給付總額之差額。

   1975500 / 21094＝93.7 個月，志明若選擇老年年金，約領 7 年 10 個月左右，總計領取金額即可超過一次請領老年給付金額。

   假若志明在領取老年年金期間過世，所領年金總額未達 1,975,500 元時，遺屬可選擇將差額金領回，不受遺屬年金資格條件的限制。或是符合條件之遺屬，可以選擇請領遺屬年金，而遺屬年金＝43900×31×1.55%×0.5＝10547 元。志明的獨生子不符合遺屬資格，所以只能申請差額。

   （參考資料：勞保局→便民服務→常見問答→熱門問答→19. 領年金期間身故 遺屬還可領差額金？https://www.bli.gov.tw/0017393.html）

表 1-6-2 領取遺屬年金給付者有下列情形之一時，應停止發給

配偶	子女、父母、祖父母、孫子女、兄弟、姊妹
1. 再婚。 2. 未滿 55 歲，且其扶養之子女不符合所定請領條件。 3. 不符合配偶所定請領條件。 4. 入獄服刑、因案羈押或拘禁、失蹤。	1. 不符表 1-6-1 所定之請領條件。 2. 入獄服刑、因案羈押或拘禁、失蹤。

資料來源：勞保第63-4條
整理：吳家揚整理

⑪ 遺屬有表1-6-2情形之一時，其遺屬年金應停止發給。

延伸閱讀

申請文件

（資料來源：勞保局→業務專區→勞工保險→書表下載→給付業務所需表格→死亡給付，https://www.bli.gov.tw/0005517.html）

❶ 本人死亡給付申請書。

❷ 家屬死亡給付申請書。

❸ 於戶政事務所辦理出生登記或死亡登記同時申請勞保生育給付或勞保家屬死亡給付通報勞保局服務委託書。

❹ 當序受益人請領被保險人本人死亡給付喪葬津貼切結書（申請書無切結書欄位者專用）。

❺ 支出殯葬費用者請領本人死亡給付 10 個月喪葬津貼切結書（被保險人無遺屬）。

❻ 勞工保險被保險人上下班、公出途中發生事故而致傷害證明書。

❼ 勞工保險職業病職歷報告書。

解釋令

　　有興趣的讀者，可自行參考：勞保局→業務專區→勞工保險→法令規章→行政解釋→給付部分→（七）死亡給付（含失蹤津貼）（https://www.bli.gov.tw/0013046.html）。例如：

Q11：被保險人自殺，如非故意犯罪所為，可申請喪葬津貼。又申請給付，當事人應主動行之。

A：查依勞保條例第 26 條規定「被保險人如因故意犯罪行為，以致發生事故者，概不給與保險給付」，故如被保險人非因故意犯罪行為而造成死亡事故，應可申請喪葬津貼。另有關經辦人是否有通知家屬辦理請領手續之義務乙節，查依同條例第 19 條第 1 項規定「被保險人或其受益人，於保險事故發生後，得依本條例之規定，請領保險給付」又第 30 條規定「領取保險給付之請求權，自得請領之日起，因 2 年（民國 101 年 12 月 21 日修正為 5 年）間不行使而消滅。」依上開 2 條文法意，被保險人或受益人應為保險給付之主體，有關保險給付之請領程序，自應由被保險人或其受益人向投保單位提出請領給付保險之意思表示後檢附有關文件由投保單位依同條例第 10 條及施行細則第 54 條（現修正為 42 條）規定應為辦理申請給付保險手續。行政院勞工委員會 77 年 6 月 7 日台 77 勞保 2 字第 11298 號函。

Q12：勞保被保險人於保險有效期間，因病死亡前已符合請領老年給付條件者，如受領人願意放棄請領死亡給付，得選擇請領老年給付。

A：勞保被保險人於保險有效期間因病死亡者，得依勞工保險條例第 63 條規定請領死亡給付。惟該等被保險人於死亡前，如已

符合同條例第 58 條請領老年給付之年資或年齡條件，其當序受領人願意放棄請領死亡給付選擇請領老年給付，准依同條例有關老年給付規定辦理。行政院勞工委員會 77 年 12 月 15 日台 77 勞保 2 字第 28483 號函。

Q36：被保險人遺有前順序受益人，次順序受益人得否請領遺屬津貼疑義。

A：勞工保險條例第 65 條第 2 項規定，當序受領遺屬津貼者存在時，後順序之遺屬不得請領。惟為達到保障遺屬生活之目的，如當序受益人確不為遺屬津貼之請領，並由其本人出具同意書或放棄請領書者，得由次順序受益人請領。另同條例第 65 條第 3 項規定，第一順序遺屬全部不符合請領條件或有法定情形時，得遞延由第二順序遺屬請領遺屬年金，該條項係為遺屬年金給付遞延請領之特別規定，且僅限於第一順序得遞延與第二順序，不得擴及第三順序以下遺屬。勞動部 104 年 1 月 14 日勞動保 2 字第 1040140007 號函。

Q39：有關勞工保險被保險人因職業災害死亡，其受益人雖符合遺屬年金請領條件，惟已選擇領取自身之勞工保險老年年金給付者，得否單獨請領 10 個月職業災害死亡補償一次金疑義。

A：勞工保險條例第 64 條已明定被保險人因職業災害致死亡，其受益人符合遺屬年金給付條件時，始得請領遺屬年金給付及職業災害死亡補償一次金，二者無法分別請領。又依同條例第 65 條之 3 規定，受益人如已擇領自身老年年金給付，而不選擇請領遺屬年金給付者，自不得單獨請領職業災害死亡補償一次金。勞動部 105 年 6 月 2 日勞動保 3 字第 1050140304 號函。

就業保險給付重點提示

就業保險是除了勞健保以外，上班族必保的社會保險，職業工會會員除外。對原本有參加勞保的勞工，勞保局主動就會納入就業保險，和勞保一樣，每個月會從薪資單中自動扣繳就業保險費用。當勞工「非自願性離職」，被保險人身分被轉到國保，且尚未就業時，就符合失業給付條件。就業保險是救急不救窮，給付時間也不長。本文主要根據「就業保險法」，簡稱就保法，法條很少也很簡單，自己應該也看得懂。

為提昇勞工就業技能，促進就業，保障勞工職業訓練及失業一定期間之基本生活，特制定本法；本法未規定者，適用其他法律之規定。（就保法第 1 條）

就業保險分五大類（就保法第 5 條）

本保險之給付分下列五種：

❶ 失業給付。

❷ 提早就業獎助津貼。

❸ 職業訓練生活津貼。

❹ 育嬰留職停薪津貼。

❺ 失業之被保險人及隨同被保險人辦理加保之眷屬全民健康保險保險費補助。

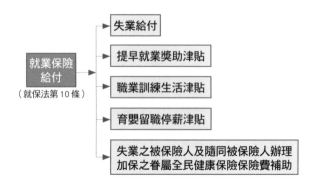

圖 2-0-1 就業保險給付

製圖：吳家揚

被保險人

❶ 年滿 15 歲以上，65 歲以下之下列受僱勞工，應以其雇主或所屬機構為投保單位，參加本保險為被保險人：1）具中華民國國籍者。2）與在中華民國境內設有戶籍之國民結婚，且獲准居留依法在台灣地區工作之外國人、大陸地區人民、香港居民或澳門居民。前項所列人員有下列情形之一者，不得參加本保險：1）依法應參加公教人員保險或軍人保險。2）已領取勞工保險老年給付或公教人員保險養老給付。3）受僱於依法免辦登記且無核定課稅或依法免辦登記且無統一發票購票證之雇主或機構。受僱於 2 個以上雇主者，得擇一參加本保險。（就保法第 5 條）

❷ 查職業工會所屬之會員，除受僱於依法免辦登記且無核定課稅或依法免辦登記且無統一發票購票證之雇主或機構者外，如有受僱之事實，於受僱期間，應以其雇主為投保單位辦理加保，以保障其就業安全。至自營作業者，因非屬受僱，尚非屬本保險之適用對象。行政院勞工委員會民國 92 年 10 月 29 日勞保 1 字第 0920059120 號函。（資料來源：勞保局→

業務專區→就業保險→法令規章→行政解釋→承保部分，
https://www.bli.gov.tw/0013049.html）

簡單來說，就是自己開公司，為 1 人公司從事相關行業，
為自營作業者，可投保職業工會，但沒就業保險。但如果雇用
員工且公司不到 5 人，雖然不用強制投保勞保，但雇主一樣要
成立投保單，為勞工辦理就業保險和提撥 6%勞退。

請領資格（就保法第 11 條）

本保險各種保險給付之請領條件如下：

❶ 失業給付：被保險人於非自願離職辦理退保當日前 3 年內，
保險年資合計滿 1 年以上，具有工作能力及繼續工作意願，
向公立就業服務機構辦理求職登記，自求職登記之日起 14 日
內仍無法推介就業或安排職業訓練。

❷ 提早就業獎助津貼：符合失業給付請領條件，於失業給付請
領期間屆滿前受僱工作，並參加本保險 3 個月以上。

❸ 職業訓練生活津貼：被保險人非自願離職，向公立就業服務
機構辦理求職登記，經公立就業服務機構安排參加全日制職
業訓練。

❹ 育嬰留職停薪津貼：被保險人之保險年資合計滿 1 年以上，
子女滿 3 歲前，依性別工作平等法之規定，辦理育嬰留職停
薪。被保險人因定期契約屆滿離職，逾 1 個月未能就業，且
離職前 1 年內，契約期間合計滿 6 個月以上者，視為非自願
離職，並準用前項之規定。

給付標準

❶ 依據相關法條，彙整如圖 2-0-2。

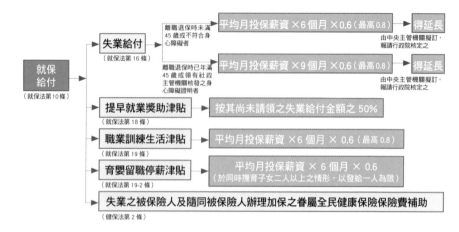

圖 2-0-2 就業保險給付標準

製圖：吳家揚

這裡的「平均月投保薪資」是指退保之當月起前 6 個月平均
月投保薪資；「X 個月」是指最多可請領月數。

❷ 被保險人非自願離職退保後，於請領失業給付或職業訓練生
活津貼期間，有受其扶養之眷屬者，每一人按申請人離職辦
理本保險退保之當月起前 6 個月平均月投保薪資 10%加給給
付或津貼，最多計至 20%。前項所稱受扶養眷屬，指受被保
險人扶養之無工作收入之配偶、未成年子女或身心障礙子
女。（就保法第 19-1 條）→配偶如果有工作，子女每個人還
是可以加計 10%。

❸ 領取失業給付期間，健保可全額補助本人和眷屬的自付保費
部分，但不包含二代健保補充保費。（失業被保險人及其眷
屬全民健康保險保險費補助辦法第 2 條、第 3 條）

Q：48 歲的志明非志願性離職，最近 10 年投保資薪都為
43,900 元，有家管的妻子春嬌和未成年子女 2 名。志明
可申請失業給付多少錢？

A：志明可申請失業給付＝43900×9×0.8＝316080 元。

❹ 每 1 子女合計最長發給 6 個月。前項津貼，於同時撫育子女
2 人以上之情形，以發給 1 人為限。父母同為被保險人者，
應分別請領育嬰留職停薪津貼，不得同時為之。（就保法第
19-2 條）

❺ 父母均為被保險人並符合請領條件者，可分別申請 6 個月津
貼，但期間不得重疊，同一名子女父母分別請領合計最長可
請領 12 個月。（資料來源：勞保局→業務專區→就業保險→
給付業務（含育嬰津貼）→育嬰留職停薪津貼→常見問答→
4.父母同時撫育 1 名子女並均已辦理育嬰留職停薪，可請領
幾個月育嬰留職停薪津貼？https://www.bli.gov.tw/0102815.
html）

Q：春嬌最近 10 年投保資薪都為 43,900 元，雙胞胎幼兒出
生 3 個月。春嬌可領多少育嬰留停津貼？

A：春嬌育嬰留職停薪津貼先領＝43900×6×60%＝158040
元，6 個月後再領＝43900×6×60%＝158060 元。

（接下頁）

被保險人符合請領條件，有同時撫養 2 名子女以上之情形，每次以請領 1 人為限，應先後個別提出申請，期間不得重疊。得於育嬰留職停薪開始時，先申請其中 1 名子女之育嬰留職停薪津貼，領完 6 個月後再行提出申請另 1 名子女之津貼請領手續。（資料來源：勞保局→業務專區→就業保險→給付業務（含育嬰津貼）→育嬰留職停薪津貼→常見問答→ 5. 媽媽辦理育嬰留職停薪同時撫育雙胞胎，可請領幾個月育嬰留職停薪津貼？https://www.bli.gov.tw/0102816.html）

保險費率（就保法第 8 條）

本保險之保險費率，由中央主管機關按被保險人當月之月投保薪資 1%至 2%擬訂，報請行政院核定之。目前就業保險的保費為 1%，隨勞保保費一起徵收，勞工負擔比率與勞保相同為 20%。

舉例 03

Q：上班族志明最近 10 年投保資薪都為 43,900 元。志明每個月的就保費用多少錢？

A：43900×1%×20%＝88 元

最好要自己開立專戶（就保法第 22 條）

被保險人領取各種保險給付之權利，不得讓與、抵銷、扣押或供擔保。被保險人依本法規定請領保險給付者，得檢具保險人出具之證明文件，於金融機構開立專戶，專供存入保險給付之用。前項專戶內之存款，不得作為抵押、扣押、供擔保或強制執行之標的。

請求權（就保法第 24 條）

自得請領之日起，因 2 年間不行使而消滅。

延伸閱讀

申請文件

（資料來源：勞保局→業務專區→就業保險→書表下載→給付業務所需表格，https://www.bli.gov.tw/0000100.html）

❶ 育嬰留職停薪津貼。

❷ 失業給付。

❸ 提早就業獎助津貼。

❹ 職業訓練生活津貼。

解釋令

有興趣的讀者，可自行參考：勞保局→業務專區→就業保險→法令規章→行政解釋→給付部分→（一）失業給付及職業訓練生活津貼（https://www.bli.gov.tw/0021138.html）。例如：

Q7：有關受領失業給付未滿 6 個月再參加就業保險，而後又因非自願離職依規定申請失業給付時，究應以前次非自願離職事實或新發生非自願離職事實辦理失業給付申請一案。

A：查依就業保險法第 16 條第 1 項第 2 款（現修正為第 4 項及第 6 項）規定，受領失業給付未滿 6 個月再參加本保險後非自願離職，得依規定申領失業給付。故本案受領失業給付未滿 6 個月之申請人，於失業再認定期間重新就業後，又非自願離職，自應以該次（新發生）非自願離職事由依該法第 11 條及第 25 條規定辦理失業給付申請；但合併原已領取之失業給付月

數，以發給 6 個月為限，合計領滿 6 個月失業給付者，本保險年資應重行起算。行政院勞工委員會民國 92 年 4 月 24 日勞保 1 字第 0920023401 號函。

Q8：有關失業勞工於請領失業給付期間在職業工會（含漁會）加保，其收入認定之處理原則一案。

A：查職業工會應依勞保條例第 14 條規定，覈實申報投保薪資，惟職業工會是否均覈實申報，仍有查核之必要；略以，仍請針對該等失業勞工個案事實，依規定查核其工作所得及投保薪資情況，並依就業保險法第 17 條規定辦理。行政院勞工委員會民國 92 年 4 月 29 日勞保 1 字第 0920020523 號函。

被資遣卻拿不到非自願離職證明，可找勞動局協助

雇主資遣勞工，卻不願開立非自願離職證明時，可向台北市勞動局提出申請，只要符合下列事項之一，勞動局即可發給非自願離職證明：

❶ 勞工離職事由為勞動基準法第 11 條、13 條但書、20 條，且雇主有辦理勞工資遣通報紀錄。

❷ 事業單位經勞動局歇業認定。

❸ 勞資爭議調解確認為非自願離職（需載明離職事由）。

❹ 司法判決勞工為非自願離職（需載明離職事由）。

❺ 經勞動檢查確認事業單位對申請人有違反勞動法令致權益受損。

（資料來源：https://bola.gov.taipei/News_Content.aspx?n=098 B457D83590D7F&sms=72544237BBE4C5F6&s=570ED05305D 42475&ccms_cs1）

CH3.
國保給付重點提示

　　國保主要根據「國民年金法」，於民國 97 年 10 月 1 日起施行（國民年金法第 59 條）。

　　國民年金開辦時的中央主管機關是內政部，但因配合政府組織改造，自民國 102 年 7 月 23 日起變更為衛生福利部；地方主管機關則是各直轄市、縣（市）政府。國民年金採社會保險方式辦理，由中央主管機關委託勞工保險局辦理，並為保險人。（資料來源：https://www.bli.gov.tw/0019852.html）

　　勞保局會向各相關主管機關索取戶政及相關社會保險資料比對，將符合加保資格者直接納保、主動計算保險費及寄發繳款單；被保險人無需辦理加、退保手續，只要在收到保險費繳款單後，在繳款單所載的期限內繳納保險費即可。國保常被戲稱為「窮人俱樂部」，給付條件比勞保差很多，且繳費單永遠準時寄到家裡。

　　為確保未能於相關社會保險獲得適足保障之國民於老年、生育及發生身心障礙時之基本經濟安全，並謀其遺屬生活之安定，特制定本法（國民年金法第 1 條）。同一種保險給付，不得因同一保險事故，重複請領（國民年金法第 20 條）。被保險人符合身心障礙年金給付、身心障礙基本保證年金、老年年金給付、老年基本保證年金及遺屬年金給付條件時，僅得擇一請領（國民年金法第 21 條）。

國保分四大類

　　國民年金保險（以下簡稱本保險）之保險事故，分為老年、生育、身心障礙及死亡四種。被保險人在保險有效期間發生保險事故時，分別給與老年年金給付、生育給付、身心障礙年金給付、喪葬給付及遺屬年金給付。（國民年金法第 2 條）

投保對象

　　扣除軍保、公教保和農保，將國民年金法第 6 條和第 7 條，以勞工為重點翻譯為白話文為：依照國民年金法第 6 條及第 7 條的規定，年滿 25 歲、未滿 65 歲，在國內設有戶籍，且符合下列情形之一的國民，在未參加勞保的期間應參加國民年金保險：1. 未領取勞保老年給付。2. 僅領取勞保老年給付：1）民國 97 年 12 月 31 日以前領取（不論年資及金額）。2）民國 98 年 1 月 1 日以後領取之年資未達 15 年或一次領取金額未達 50 萬元。（資料來源：https://www.bli.gov.tw/0013590.html）

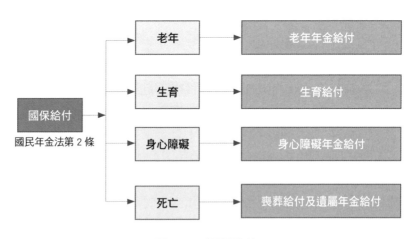

圖 3-0-1 國保給付

製圖：吳家揚

保險費率（國民年金法第 12 條）

表 3-0-1 被保險人每月自付保險費金額

保險費期間	一般民眾	所得未達最低生活費 2 倍／輕度身心障礙	所得未達最低生活費 1.5 倍／中度身心障礙／中低收入戶
110.1~	1,042 元（＝ 18282×9.5%×60%）	782 元	521 元

註1：低收入戶及重度以上身心障礙者為政府全額補助，被保險人無須自付保費。

註2：自民國109年6月起將「中低收入戶」納入補助對象。

註3：表列保險費金額係依現行國民年金保險費率9.5%、月投保金額18282元及各類被保險人應負擔之比率計算：一般身分負擔60%；中度身心障礙、所得未達最低生活費1.5倍或中低收入戶負擔30%；輕度身心障礙或所得未達最低生活費2倍負擔45%。（資料來源：勞保局➔業務專區➔國民年金➔納保計費➔保費計算➔保險費負擔比率及金額https://www.bli.gov.tw/0013596.html）

最好要自己開立專戶（國民年金法第 55 條）

領取本法相關給付之權利，不得作為扣押、讓與、抵銷或供擔保之標的。但被保險人曾溢領或誤領之給付，保險人得自其現金給付或發還之保險費中扣抵。依本法規定請領年金給付或第 53 條所定給付者，得檢具保險人出具之證明文件，於金融機構開立專戶，專供存入給付之用。前項專戶內之存款，不得作為抵銷、扣押、供擔保或強制執行之標的。

請求權時效（國民年金法第 28 條）

自得請領之日起，因 5 年間不行使而消滅。

年金給付金額會隨 CPI 調整（國民年金法第 54-1 條）

自民國 101 年 1 月 1 日起，本法所定老年年金給付加計金額、老年基本保證年金、第 42 條第 2 項與第 4 項及第 53 條所

定金額，調整為新台幣 3,500 元，身心障礙年金給付基本保障及身心障礙基本保證年金之金額，調整為新台幣 4,700 元；其後每4 年調整一次，由中央主管機關參照中央主計機關發布之最近一年消費者物價指數較前次調整之前一年消費者物價指數成長率公告調整之，但成長率為零或負數時，不予調整。

保險年資可合併

❶ 被保險人退保後再參加本保險者，其保險年資應予併計。（國民年金法第 9 條）

❷ 被保險人符合本保險及勞工保險老年給付請領資格者，得向任一保險人同時請領，並由受請求之保險人按其各該保險之年資，依規定分別計算後合併發給。（國民年金法第 32 條）

注意事項

（資料來源：勞保局→業務專區→國民年金→常見問答→保險給付通則→減領給付→1. 為什麼國民年金會有「減領給付」的規定？什麼時候會用到？是每一種年金都可以申請減領嗎？要怎麼申請？申請後會從什麼時候開始扣減？https://www.bli.gov.tw/0017204.html）

❶ 當我們收到國保繳費單時，就符合國保身分，去繳費就對了，否則配偶會被罰款，處新台幣 3,000 元以上 15,000 元以下罰鍰（國民年金法第 50 條）。→如果本人收到繳費單後不理，目前每年隨機抽 200 位，寄送保費加計利息的繳費單給配偶。如果配偶也不理繳費單，就會寄出罰單給配偶。

❷ 被保險人應繳納之保險費及利息，未依規定期限繳納者，不予計入保險年資；其逾 10 年之部分，被保險人亦不得請求補繳。（國民年金法第 17 條）

❸ 被保險人得申請減領保險給付；其申請，1 年以 1 次為限。前項減領保險給付之期間至少 1 年，一經申請減領，不得請求補發。（國民年金法第 25 條）

❹ 為了讓有需要申請縣（市）政府發放低收入戶、社會福利津貼或補助的民眾，不會因為領取國民年金給付造成全年總所得金額超過規定的門檻，所以，國民年金訂有減領給付的規定。可以申請減領的有「老年年金給付」、「身心障礙年金給付」及「遺屬年金給付」三種年金給付。要申請減領給付的人，必須填具「國民年金保險減領給付申請書」向勞保局提出申請。→「老年年金給付」、「身心障礙年金給付」及「遺屬年金給付」三種年金給付，金額最多降到 0，就是不申請的意思，來爭取低收入戶、社會福利津貼或補助。

延伸閱讀

投保對象

❶ 未滿 65 歲國民，在國內設有戶籍而有下列情形之一者，除應參加或已參加相關社會保險者外，應參加本保險為被保險人：1）年滿 25 歲，且未領取相關社會保險老年給付。2）本法施行前，領取相關社會保險老年給付之年資合計未達 15 年或一次領取之相關社會保險老年給付總額未達新台幣 50 萬元。但所領取勞工保險老年給付之年資或金額不列入計算。3）本法施行後 15 年內，領取相關社會保險老年給付之年資合計未達 15 年或一次領取之勞工保險及其他社會保險老年給付總額未達新台幣 50 萬元。但勞工保險年金制度實施前，所領取勞工保險老年給付之年資或金額不列入計算。（國民年金法第 7 條）

❷ 本法用詞，定義如下：1）相關社會保險：指公教人員保險

（含原公務人員保險與原私立學校教職員保險）、勞工保險、軍人保險及農民健康保險。2）相關社會保險老年給付：指公教人員保險養老給付（含原公務人員保險養老給付與原私立學校教職員保險養老給付）、勞工保險老年給付及軍人保險退伍給付。3）社會福利津貼：指低收入老人生活津貼、中低收入老人生活津貼、身心障礙者生活補助、老年農民福利津貼及榮民就養給付。4）保險年資：指被保險人依本法規定繳納保險費之合計期間；其未滿 1 年者，依實際繳納保險費月數按比率計算；其未滿全月者，依實際繳納保險費日數按每月 30 日比率計算。5）受益人：被保險人死亡時，為合於請領給付資格者。6）拘禁：指受拘留、留置、觀察勒戒、強制戒治、保安處分或感訓處分裁判之宣告，在特定處所執行中，其人身自由受剝奪或限制者。但執行保護管束者、僅受通緝尚未到案、保外就醫及假釋中者，不包括在內。（國民年金法第 6 條）

申請文件

（資料來源：勞保局→業務專區→國民年金→書表下載→給付業務所需表格 https://www.bli.gov.tw/0000031.html）

❶ 老年年金給付申請書件。

❷ 同時請領勞保及國保老年年金給付申請書件。

❸ 老年基本保證年金申請書件。

❹ 原住民給付申請書件。

❺ 生育給付申請書件。

❻ 身心障礙（基本保證）年金給付申請書件。

❼ 遺屬年金給付申請書件。

❽ 喪葬給付申請書件。

❾ 其他。

解釋令

　　有興趣的讀者，可自行參考：勞保局→業務專區→國民年金→法令規章→行政解釋。（https://www.bli.gov.tw/0013617.html）

3-1 國保老年年金給付（勞工退休金來源二）

　　可以領到退休金，就是一件幸福的事。國保老年給付的條件雖然比勞保老年給付差很多，但聊勝於無。國民年金一律於65歲請領，並無展延年金。

　　國保民國97年10月1日開辦時，已經滿65歲以上者，可直接領取「老年基本保證年金」，每月3,772元到身故（國民年金法第31條、第54-1條）。老年基本保證年金，是整併以前的敬老津貼而來的，有排富條款，不在本書的討論範圍。本書主要對象是年輕時有勞保，不幸於中高齡失業而被迫加入國保的人。勞保局於每月月底，均會針對次月即將年滿65歲而且符合請領條件者，主動寄發通知函。

　　被保險人符合身心障礙年金給付、身心障礙基本保證年金、老年年金給付、老年基本保證年金及遺屬年金給付條件時，僅得擇一請領（國民年金法第21條）。

請求權（國民年金法第28條）
　　自得請領之日起，因5年間不行使而消滅。

資格（國民年金法第 29 條）

被保險人或曾參加本保險者，於年滿 65 歲時，得請領老年年金給付。

給付標準（國民年金法第 30 條）

公式

公式 A＝月投保薪資×年資×0.65%＋3772（元）
公式 B＝月投保薪資×年資×1.3%（元）
以公式 A 或 B 計算，擇優領取。原則上薪資越高和年資越多者，選 B 較有利。
國民年金保險月投保金額，自民國 104 年 1 月 1 日起，由 17,280 元調整為 18,282 元。加計金額民國 97 年 10 月至 100 年 12 月為 3,000 元，民國 101 年 1 月至 104 年 12 月為 3,500 元，民國 105 年 1 月至 108 年 12 月為 3,628 元，民國 109 年 1 月起為 3,772 元（資料來源：https://www.bli.gov.tw/0014336.html）。

舉例 01

Q：志明滿 60 歲才加入國保，65 歲可申請多少國保老年年金給付？

A：A＝18282×5×0.65%＋3772＝594＋3772＝4366 元。
B＝18282×5×1.3%＝1188 元。
志明應擇優選擇 4,366 元的老年年金給付。

扣除軍保、公教保和農保，將國民年金法第 6 條和第 30 條彙整，有下列情形之一者，不得選擇以上述 A 式計給：1. 有欠

繳保險費 10 年，不能計入保險年資的情形。2. 領取相關社會福利津貼和社會保險老年給付。3. 領取勞保老年年金給付。4. 在 64 歲至 65 歲期間，保險費或利息有欠繳情形，經勞保局以書面限期繳納，被保險人逾期始為繳納者，前 3 個月老年年金給付，以 B 式發給。（資料來源：https://www.bli.gov.tw/0014336.html）

領取金額會隨 CPI 累計成長率而調整，每個人調整年度也會不同。（國民年金法第 54-1 條）

勞保國保的年資可合併（國民年金法第 32 條）

被保險人符合本保險及勞工保險老年給付請領資格者，得向任一保險人同時請領，並由受請求之保險人按其各該保險之年資，依規定分別計算後合併發給。前項被保險人於各該保險之年資，未達請領老年年金給付之年限條件，而併計他保險之年資後已符合者，亦得請領老年年金給付；其為第 7 條第 1 款及第 3 款之被保險人者，如已領取他保險老年年金給付，於本保險之老年年金給付，不得選擇第 30 條第 1 項第 1 款之給付方式。

舉例 02

Q：45 年次的志明，65 歲時，累計勞保年資 30 年，平均月投保薪資為 43,900 元，國保年資 5 年，65 歲可申請多少勞保和國保老年年金給付？

A：1. 勞保：A＝（43900×30×0.775%＋3000）×（1＋5×4%）＝15848 元。B＝43900×30×1.55%×（1＋5×4%）＝24496 元。志明應擇優選擇 24,496 元的老年年金給付。

（接下頁）

2. 國保：A＝18282×5×0.65%＋3772＝594＋3772＝
4366 元。B＝18282×5×1.3%＝1188 元。因領取勞
保老年年金，所以志明國保只能選擇 1,188 元的老年
年金給付。

65 歲後，志明每個月可領 24496＋1188＝25684
元。

舉例 03

Q：51 年次的志明，65 歲時，累計勞保年資 16 年，平均月
投保薪資為 43,900 元，國保年資 16 年，65 歲可申請
多少勞保和國保老年年金給付？

A：勞保年資 16 年，可以選擇領老年年金給付或一次金：
1. 勞保可申請一次金 17 個基數（15×1＋1×2）＝
43900×17＝746300 元。因為大於 50 萬元或年資大
於 15 年，國保只能領 B 式，B＝18282×16×1.3%
＝3802 元。
2. 如果領年金＝43900×16×1.55%＝10887 元，國保
只能領 B 式。
假設 65 歲先領國保 A 式，A＝18282×16×0.65%＋
3772＝5673 元。68 歲再領勞保展延年金＝
43900×16×1.55%×（1＋4%×3）＝12194 元，這
時候國保也會被改為 B 式。
勞保一定比國保好，先領國保再領勞保，應該不划
算，宜先試算總領金額。怎麼領，看自己需求而定。

Q：45 年次的志明，65 歲時，累計勞保年資 11 年，平均月
　　投保薪資為 43,900 元，國保年資 21 年，65 歲可申請
　　多少勞保和國保老年年金給付？

A：1. 勞保國保分別請領：

　　　勞保年資不到 15 年，只能一次請領老年一次金給
　　　付。當滿 60 歲退休時，先申請勞保 11 個基數
　　　（11×1）：43900×11＝482900 元。

　　　65 歲領國保：A＝18282×21×0.65%＋3772＝2495
　　　＋3772＝6267 元。B＝18282×21×1.3%＝4991
　　　元。只要志明沒有欠繳國保保費、領取相關社會福利
　　　津貼或其他社會保險（軍保、公教保）老年給付，每
　　　個月領的國保老年年金就可以按 A 式計給。因為小於
　　　50 萬元或年資小於 15 年，國保擇優選擇 6,267 元的
　　　老年年金給付。

　　2. 等到 65 歲勞保國保同時請領：

　　　勞保：A＝43900×11×0.775%＋3000＝3742＋3000
　　　＝6742 元。B＝43900×11×1.55%＝7485 元。因為
　　　未達請領年金給付的標準，所以不適用年金展延的規
　　　定。志明應擇優選擇 7,485 元的老年年金給付。

　　　國保：B＝18282×21×1.3%＝4991 元。因領取勞保
　　　老年年金，所以志明只能選擇 4,991 元的老年年金給
　　　付。滿 65 歲後，每個月可領 7485＋4991＝12476
　　　元。（參考資料：勞保局→便民服務→常見問答→熱
　　　門問答→18.勞保湊國保，也能領年金！https://www.
　　　bli.gov.tw/0017392.html）

（接下頁）

延伸閱讀

請領老年年金給付，依下列方式擇優計給：

❶ 月投保金額乘以其保險年資，再乘以 0.65%所得之數額加新台幣 3,000 元。

❷ 月投保金額乘以其保險年資，再乘以 1.3%所得之數額。有下列情形之一者，不得選擇前項第一款之計給方式：1）有欠繳保險費期間不計入保險年資情事。2）領取相關社會福利津貼。3）已領取相關社會保險老年給付。但第 7 條第 2 款及第 3 款規定之被保險人有下列情形之一者，不在此限：1）僅領取勞工保險老年給付者。2）已領取公教人員保險養老給付、軍人保險退伍給付者，自年滿 65 歲當月起以新台幣 3,000 元按月累計達原領取給付總額。被保險人於發生保險事故前 1 年期間之保險費或利息有欠繳情形，經保險人以書面限期命其繳納，逾期始為繳納者，其依法得領取之前 3 個月老年年金給付，按第 1 項第 2 款規定計算之。依第 1 項第 1 款規定請領老年年金給付者，其數額與第 2 款計算所得數額之差額，由中央主管機關負擔。老年年金給付，自符合條件之當月起按月發給至死亡當月止。依第 33 條規定請領身心障礙年金給付者，於年滿 65 歲時，得改請領老年年金給付，其請領身心障礙年金前之保險年資，得併入本條之保險年資計算。（國民年金法第 30 條）

3-2 國保生育給付

自得請領之日起，因 5 年間不行使而消滅。

被保險人分娩或早產，得請領生育給付，其給付標準如下：

❶ 分娩或早產者，按其月投保金額一次發給 2 個月生育給付。

❶ 分娩或早產為雙生以上者，比例增給。同一分娩或早產事故同時符合本保險與相關社會保險生育給付或補助條件者，僅得擇一請領。

舉例 01

Q：春嬌懷孕 40 週產子，可申請生育給付為多少錢？

A：17282×2＝34564 元。若為雙胞胎，則為 69,128 元。

3-3 國保身心障礙年金給付

在國保加保期間受傷或生病的話，國保有提供「身心障礙年金給付」這項權益，可以持續照顧國民的生活。雖然這些權益都比不上勞保，但聊勝於無，有保有繳費就有保障。

身心障礙者可以請領的補助有三種，分別是身心障礙生活補助、身心障礙年金、身心障礙基本保證年金。身心障礙生活

補助屬於「社會救助」，只要家庭經濟低於標準，即可跟戶籍地公所申請。補助金額主要跟身心障礙程度及家庭經濟有關，因此每年需要申請重新評估。社會救助不在本文討論範圍，本文只討論國保的身心障礙年金和身心障礙基本保證年金。

　　被保險人符合身心障礙年金給付、身心障礙基本保證年金、老年年金給付、老年基本保證年金及遺屬年金給付條件時，僅得擇一請領（國民年金法第 21 條）。

請求權（國民年金法第 28 條）
　　自得請領之日起，因 5 年間不行使而消滅。

資格和給付標準
❶ 將資格和給付標準彙整如圖 3-3-1

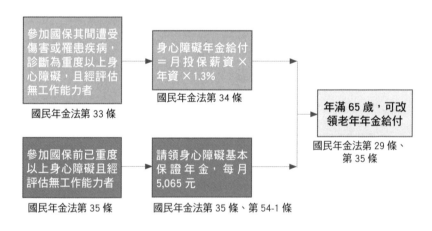

圖 3-3-1 國保身心障礙年金給付

製圖：吳家揚

❷ 在領取身心障礙年金給付的期間，仍然符合國保的加保資格，還是要繼續參加國保，只是保險費已由政府全額補助，被保險人不需要再負擔保險費。如果在年滿 65 歲時選擇改領老年年金給付，則領取身心障礙年金給付前的保險年資，可以合併領取年金後繼續加保的保險年資一起計算。（資料來源：勞保局→業務專區→國民年金→各項給付→身心障礙年金給付→身心障礙年金給付→給付核付，https://www.bli.gov.tw/0014352.html）

❸ 國保月投保金額，自民國 104 年 1 月 1 日起，由 17,280 元調整為 18,282 元。自民國 109 年 1 月起，基本保障金額由 4,872 元調整為 5,065 元。（資料來源：勞保局→業務專區→國民年金→各項給付→身心障礙年金給付→身心障礙年金給付→給付金額，https://www.bli.gov.tw/0014349.html）

❹ 身心障礙年金給付，依其保險年資計算，每滿 1 年，按其月投保金額發給 1.3% 之月給付金額。依前項規定計算所得數額如低於基本保障新台幣 4,000 元，且無下列各款情形者，得按月發給基本保障至死亡為止：1）有欠繳保險費期間不計入保險年資情事。2）領取相關社會福利津貼。被保險人於發生保險事故前 1 年期間之保險費或利息有欠繳情形，經保險人以書面限期命其繳納，逾期始為繳納者，其依法得領取之前 3 個月身心障礙年金給付，僅得按第 1 項規定計算發給，不適用前項基本保障新台幣 4,000 元之規定。依第 2 項規定請領基本保障者，其依第 1 項計算所得數額與基本保障之差額，由中央主管機關負擔。被保險人具有勞工保險年資者，得於第 1 項之保險年資予以併計；其所需金額，由勞工保險保險人撥還。（國民年金法第 34 條）→如計算所得金額不足 5,065 元時，領 5,065 元，如果沒有欠繳保險費期間不計入保險年資或領取相關社會福利津貼。

公式

身心障礙年金月給付金額＝月投保金額×保險年資×1.3%

❺ 領取身心障礙年金給付或身心障礙基本保證年金者，除經審
定無須查核者外，保險人得每 5 年查核其身心障礙程度。
（國民年金法第 37 條）

舉例 01

Q：志明 55 歲，國保年資 5 年，出車禍後經鑑定為極重度
以上身心障礙且無工作能力，可申請多少國保身心障礙
年金給付？

A：月給付金額＝18282×5×1.3%＝1188 元。因未達基本
保障金額的情形，且無欠款和未領社會福利津貼，所以
每個月可以領到 5,065 元。

舉例 02

Q：志明請領國保身心障礙年金給付，國保年資有 4 年，同
時還有勞保年資 6 年，平均月投保薪資 43,900 元，選
擇合併請領國、勞保的身心障礙（失能）年金給付。

A：國保身心障礙年金的金額＝18282×4×1.3%＝951 元
勞保失能年金的金額＝43900×6×1.55%＝4083 元
因為兩種年金給付金額合計後不足 5,065 元，而且沒有
不能發給基本保障金額的情形，所以每個月可以領到
5,065 元。不過，如果一直都有在領取社會福利津貼，
那就不能領到基本保障的金額，每個月只能領 5,034 元
（國保 951 元，勞保 4,083 元）。

（接下頁）

> **注意**：被保險人如果已經領過勞保老年給付，或領過屬於終身不能從事工作或終身無工作能力之 1、2、3 等級失能給付，那些勞保年資就不能再併計。（參考資料：勞保局→業務專區→國民年金→各項給付→身心障礙年金給付→身心障礙年金給付→和勞保失能年金的關係，https://www.bli.gov.tw/0014353.html）

延伸閱讀

被保險人資格

❶ 有下列情形之一者，得依規定請領身心障礙年金給付：1）被保險人於本保險期間遭受傷害或罹患疾病，經治療終止，症狀固定，再行治療仍不能期待其治療效果，並經中央衛生主管機關評鑑合格之醫院診斷為重度以上身心障礙，且經評估無工作能力者。2）被保險人於本保險期間所患傷病經治療 1 年以上尚未痊癒，如身心遺存重度以上障礙，並經合格醫院診斷為永不能復原，且經評估無工作能力者。經診斷為重度以上身心障礙且經評估無工作能力者，如同時符合相關社會保險請領規定，僅得擇一請領。（國民年金法第 33 條）

❷ 被保險人於參加本保險前，已符合第 33 條規定之重度以上身心障礙且經評估無工作能力者，並於請領身心障礙基本保證年金前 3 年內，每年居住國內超過 183 日，且無下列各款情事之一者，於參加本保險有效期間，得請領身心障礙基本保證年金：1）因重度以上身心障礙領取相關社會保險身心障礙年金或一次金。2）有第 31 條第 1 項第 1 款、第 3 款至第 6 款情形之一。依前項規定請領身心障礙基本保證年金者，不得再請領身心障礙年金給付。但其於年滿 65 歲時，得改領老年年金給付。（國民年金法第 35 條）

重要資訊

❶ 指定醫院（參考資料：勞保局→業務專區→國民年金→各項給付→身心障礙年金給付→身心障礙鑑定指定醫療機構名冊，https://www.bli.gov.tw/0014404.html）

❷ 評估工作能力表（參考資料：勞保局→業務專區→國民年金→各項給付→身心障礙年金給付→重度以上身障者是否需評估工作能力對照表，https://www.bli.gov.tw/0021441.html）

排富條款（國民年金法第 35 條、第 31 條）

　　參加國保前，已符合重度以上身心障礙且經評估無工作能力者，並於請領身心障礙基本保證年金前 3 年內，每年居住國內超過 183 日，且無下列各款情事之一者，於參加本保險有效期間，得請領身心障礙基本保證年金 5,065 元：1）因重度以上身心障礙領取相關社會保險身心障礙年金或一次金。2）經政府全額補助收容安置。3）領取社會福利津貼。4）財稅機關提供保險人公告年度之個人綜合所得稅各類所得總額合計新台幣 50 萬元以上。5）個人所有之土地及房屋價值合計新台幣 500 萬元以上。6）入獄服刑、因案羈押或拘禁。

注意事項：前項 5）之土地之價值，以公告土地現值計算；房屋之價值，以評定標準價格計算。但有下列情形之一者，應扣除之：1）土地之部分或全部被依法編為公共設施保留地，且因政府財務或其他不可歸責於地主之因素而尚未徵收及補償者。2）屬個人所有之唯一房屋且實際居住者。但其土地公告現值及房屋評定標準價格合計得扣除額度以新台幣 400 萬元為限。3）未產生經濟效益之原住民保留地。

3-4 國保喪葬給付及遺屬年金給付

在國保加保期間死亡，也有「喪葬給付及遺屬年金給付」。雖然這些權益都比不上勞保，但聊勝於無，有保有繳費就有保障。

自得請領之日起，因 5 年間不行使而消滅。

❶ 被保險人死亡者、符合第 29 條規定而未及請領老年年金給付前死亡者，或領取身心障礙或老年年金給付者死亡時，遺有配偶、子女、父母、祖父母、孫子女或兄弟、姊妹者，其遺屬得請領遺屬年金給付。前項遺屬年金給付條件如表 3-4-1。

❷ 依前條規定受領遺屬年金給付之順序如下：1）配偶及子女。2）父母。3）祖父母。4）孫子女。5）兄弟、姊妹。前項所定當序受領遺屬年金對象存在時，後順序之遺屬不得請領。當序遺屬於請領後死亡或喪失請領條件時，亦同。（國民年金法第 41 條）

表 3-4-1 遺屬年金給付條件

配偶	符合下列條件之一： 1. 配偶應年滿 55 歲且婚姻關係存續 1 年以上，但無謀生能力或有扶養符合規定之子女者，不在此限。 2. 配偶應年滿 45 歲且婚姻關係存續 1 年以上，且每月工作收入未超過其領取遺屬年金給付時之基本工資。
子女	子女應符合下列條件之一，但養子女須有收養關係 6 個月以上： 1. 未成年。 2. 無謀生能力。 3. 25 歲以下，在學，且每月工作收入未超過其領取遺屬年金給付時之基本工資。
父母、祖父母	父母、祖父母年滿 55 歲，且每月工作收入未超過其領取遺屬年金給付時之基本工資。
孫子女	符合下列條件之一： 1. 未成年。 2. 無謀生能力。 3. 25 歲以下，在學，且每月工作收入未超過其領取遺屬年金給付時之基本工資。
兄弟、姊妹	符合下列條件之一： 1. 未成年。 2. 無謀生能力。 3. 年滿 55 歲，且每月工作收入未超過其領取遺屬年金給付時之基本工資。

資料來源：國保第40條
整理：吳家揚

給付標準

❶ 喪葬給付和遺屬年金給付，彙整如圖 3-4-1 所示。

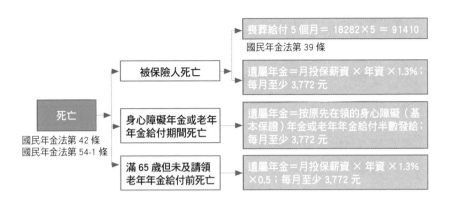

図 3-4-1 國保死亡

資料來源：勞保局→業務專區→國民年金→各項給付→遺屬年金給付→給付金額，
https://www.bli.gov.tw/0014364.html
製圖：吳家揚

❷ 同一順序之遺屬有 2 人以上時，每多 1 人加發遺屬年金給付
標準之 25%，最多計至 50%。（國民年金法第 42 條）

遺屬具有受領二種以上遺屬年金給付之資格時，應擇一請
領。（國民年金法第 43 條）

舉例 01

Q：志明在保險有效期間內死亡，投保年資 5 年。可申請多
少錢？

A：可申請喪葬津貼＝18282×5＝91410 元。遺屬年金給付
＝18282×5×1.3%＝1188 元。但金額不足 3,772 元，
發給保障金額 3,772 元。
如果志明有配偶和 2 名子女，且符合申請條件。每人加
發 25%，最多加 50%。遺屬年金給付＝3772×1.5＝
5658 元。

舉例 02

Q：志明每月領取國保身心障礙基本保證年金，病逝後遺有
配偶和 1 名子女，且符合眷屬條件。可申請多少錢？

A：可申請遺屬年金給付＝5056×0.5＝2528 元。但金額不
足 3,772 元，發給保障金額 3,772 元。
遺屬年金給付＝3772×1.25＝4715 元。

舉例 03

Q：志明民國 2020 年 8 月年滿 65 歲，投保年資 5 年，但
還沒請領就不幸於 2020 年 11 月意外過世，遺有配偶且
符合眷屬條件。可申請多少錢？

A：遺屬年金給付＝18282×5×1.3%×0.5＝594 元。但金
額不足 3,772 元，發給保障金額 3,772 元。

❸ 領取遺屬年金給付者有表 3-4-2 情形之一時，其年金給付應
停止發給。

表 3-4-2 領取遺屬年金給付者有下列情形之一時，應停止發給

配偶	子女、父母、祖父母、孫子女、兄弟、姊妹
1. 再婚。 2. 未滿 55 歲，且其扶養之子女不符合所定請領條件。 3. 不符合配偶所定請領條件。 4. 入獄服刑、因案羈押或拘禁、失蹤。	1. 不符表3-4-1所定之請領條件。 2. 入獄服刑、因案羈押或拘禁、失蹤。

資料來源：國民年金法第 44 條
整理：吳家揚

CH4.
健保重點提示

　　全民健康保險法（本文簡稱「健保法」）：為增進全體國民健康，辦理全民健康保險（以下稱本保險），以提供醫療服務，特制定本法。本保險為強制性之社會保險，於保險對象在保險有效期間，發生疾病、傷害、生育事故時，依本法規定給予保險給付。（健保法第 1 條）

　　台灣的健保舉世聞名，為國際肯定，民國 94 年諾貝爾獎得主克魯曼（Paul Robin Krugman）稱讚台灣健保經驗適合作為解決美國健保問題的借鏡，但國人對健保的相關規定一知半解，或是忽略掉自己權益，或是以為全民健保吃到飽，曝險而不自知。

　　很多人不知道健保規定一家 5 口以上第 5 人以上不用繳保費，也不知道全年住院費用或每次住院費用超過額度可以退回部分負擔的費用，還有連海外醫療也可退費。請參考健保自墊醫療費用核退，舉例如果民國 110 年全年度你住院自負額超過69000 元，多餘部分都可以在規定的時間內申請退費。當然健保不給付的醫療部分，都是自費，沒辦法退費。不過，因為健保的財務問題，健保不承保事項及不理賠細目愈來愈多，這些不承保的項目就需要商業保險來補足。

　　勞工志明如果在甲公司正常上班且在乙公司兼差，甲公司和乙公司都幫志明投保勞健保。志明需要通知乙公司退健保，不需要重複投保。如果志明只在丙公司兼差且投保在職業工

會，健保只需要透過工會投保就可以。如果是斷保族，要主動申報健保，附加在有投保的眷屬之下。如果一小段時間後加入新公司或職業工會，斷保這段期間的健保費，健保署會發補繳單寄到家裡，自己再補繳保費就可以了。健保署也會主動查核，若有為投保未繳費的情形，也會通知當事人。如有任何疑問，直接打電話問健保署。

這裡提供一些訊息，和大家息息相關但常被忽略的事，讓大家做參考，不要漠視自己的權益。

保費能省則省

目前被保險人分六大類，繳費分攤比例不同，雇主和政府的負擔不輕，這裡只列舉出最大宗的兩種人（健保法第 10 條、第 27 條），參見表 4-0-1。

第 1 類至第 3 類被保險人及其眷屬之保險費，依被保險人之投保金額及保險費率計算之；保險費率，以 6%為上限。前項眷屬之保險費，由被保險人繳納；超過 3 口者，以 3 口計。（健保法第 18 條）

表 4-0-1 各被保險人健保保費分攤比例

保險對象類別			負擔比例（％）		
			被保險人	投保單位	政府
第 1 類	受雇者	本人及眷屬	30%	60%	10%
第 1 類	雇主、自營業主、專門職業及技術人員自行執業者	本人及眷屬	100	0	0
第 2 類	職業工會會員	本人及眷屬	60	0	40

健保費負擔金額表

第 1 類及第 2 類被保險人之投保金額，依下列各款定之：1.受僱者：以其薪資所得為投保金額。2.雇主及自營業主：以其營利所得為投保金額。3.自營作業者及專門職業及技術人員自行執業者：以其執行業務所得為投保金額。第 1 類及第 2 類被保險人為無固定所得者，其投保金額，由該被保險人依投保金額分級表所定數額自行申報，並由保險人查核；如申報不實，保險人得逕予調整。（健保法第 20 條）

目前投保等級共 47 等級，最低月投保金額為 24,000 元，最高月投保金額為 182,000 元。最多只要繳納 4 口人，第 5 口以上不用健保費。實務做法是可以和兄弟姐妹商量，將父母放在健保費比較低的人或會超過 5 口人的身上，會節省許多健保費，這裡只談健保費而不談所得稅或其他事情。

表 4-0-2 健保保費負擔金額表

全民健康保險保險費負擔金額表（三） （公、民營事業、機構及有一定雇主之受雇者適用） 單位：新台幣元						
投保金額等級	月投保金額	被保險人及眷屬負擔金額（負擔比率30%）				投保單位負擔金額（負擔比率60%）	政府補助金額（負擔比率10%）
		本人	本人+1眷口	本人+2眷口	本人+3眷口		
1	24,000	372	744	1116	1488	1176	196
2	25,200	391	782	1173	1564	1235	206
14	43,900	681	1362	2043	2724	2152	359
15	45,800	710	1420	2130	2840	2245	374
47	182,000	2823	5646	8469	11292	8920	1487

民國 110 年 1 月 1 日起實施　　　　　　　　　　　　　　　　承保組製表

註：1. 自民國 110 年 1 月 1 日起配合基本工資調整，第一級調整為 24,000 元。
　　2. 自民國 110 年 1 月 1 日起費率調整為 5.17%。
　　3. 自民國 109 年 1 月 1 日起調整平均眷口數為 0.58 人，投保單位負擔金額含本人及平均眷屬人數 0.58 人，合計 1.58 人。

（職業工會會員適用） 單位：新台幣元					
投保金額等級	月投保金額	被保險人及眷屬負擔金額（負擔比率60%）			
		本人	本人+1眷口	本人+2眷口	本人+3眷口
1	24,000	744	1488	2232	2976
2	25,200	782	1564	2346	3128
14	43,900	1362	2724	4086	5448
15	45,800	1420	2842	4263	5684
47	182,000	5646	11292	16938	22584

民國 110 年 1 月 1 日起實施　　　　　　　　　　　　　　　　承保組製表

註：1. 自民國 110 年 1 月 1 日起配合基本工資調整，第一級調整為 24,000 元。
　　2. 自民國 110 年 1 月 1 日起費率調整為 5.17%。
　　3. 自民國 109 年 1 月 1 日起調整平均眷口數為 0.58 人，投保單位負擔金額含本人。
　　4. 自民國 101 年 7 月 1 日起第 2 類被保險人及眷屬之保險費由中央政府負擔 40%。

全民健康保險保險費負擔金額表（五）

（雇主、自營業主、專門職業及技術人員自行職業者適用）

單位：新台幣元

投保金額等級	月投保金額	被保險人及眷屬負擔金額（負擔比率 100%）			
		本人	本人＋1眷口	本人＋2眷口	本人＋3眷口
5					
6	30,300	1567	3134	4701	6268
14	43,900	2270	4540	6810	9080
15	45,800	2368	4736	7104	9472
47	182,000	9409	18818	28227	37636

民國 110 年 1 月 1 日起實施　　　　　　　　　　　　　　　承保組製表

註：1. 自民國 110 年 1 月 1 日起，配合基本工資調整，修正投保金額分級表級數。

　　2. 自民國 110 年 1 月 1 日起，調整費率為 5.17%。

　　3. 僱用被保險人數 5 人以上之事業單位負責人或會計師、律師、建築師、醫師、牙醫師、中醫師自行職業除自行舉證申報其投保金額者外，應按投保金額分級表最高一級申報。自行舉證申報之投保金額，最低不得低於勞工保險投保薪資分級表最高一級（民國 105 年 5 月 1 日起為 45,800 元）及其所屬員工申報之最高投保金額。

　　4. 僱用被保險人數未滿 5 人之事業單位負責人、前項以外之專門職業及技術人員自行執業者或屬於第一類被保險人之自營業主，除自行舉證申報其投保金額者外，應按投保金額分級表最高一級申報。自行舉證申報之投保金額，最低不得低於健保法第 10 條第 1 項第 1 款第 2 目被保險人之平均投保金額（目前為 34,800 元）及其所屬員工申報之投保金額。但僱用有酬人員幫同工作之本款專門職業及技術人員自行執業者，其自行舉證申報之投保金額，最低以投保金額分級表第 6 級（民國 110 年 1 月 1 日起為 30,300 元）為限。

資料來源：衛生福利部中央健康保險署→健保服務→投保與保費→保費計算與繳納→一般保費計算→保險費負擔金額表，https://www.nhi.gov.tw/Content_List.aspx?n＝5581FA007B6177B7&

舉例 01

Q：上班族，勞保月投保薪資為 24,000 元，要繳健保費多少元？

A：24000×5.17%×0.3＝372 元。

舉例 02

Q：職業工會會員，勞保月投保薪資為 24,000 元，要繳健保費多少元？

A：24000×5.17%×0.6＝744 元。

舉例 03

Q：自營業主，最低勞保月投保薪資為 30,300 元，要繳健保費多少元？

A：30300×5.17%×1＝1567 元。

健保給付

❶ 保險對象應自行負擔門診或急診費用之 20%，居家照護醫療費用之 5%。但不經轉診，於地區醫院、區域醫院、醫學中心門診就醫者，應分別負擔其 30%、40%及 50%。前項應自行負擔之費用，於醫療資源缺乏地區，得予減免。（健保法第 43 條）

❷ 本保險給付之特殊材料，保險人得訂定給付上限及保險醫事服務機構得收取差額之上限；屬於同功能類別之特殊材料，保險人得支付同一價格。保險對象得於經保險醫事服務機構之醫師認定有醫療上需要時，選用保險人定有給付上限之特殊材料，並自付其差額。（健保法第 45 條）

❸ 保險對象應自行負擔之住院費用如下：1）急性病房：30 日以內，10%；逾 30 日至第 60 日，20%；逾 60 日起，30%。2）慢性病房：30 日以內，5%；逾 30 日至第 90 日，10%；逾 90 日至第 180 日，20%；逾 180 日起，30%。保險對象於

急性病房住院 30 日以內或於慢性病房住院 180 日以內，同一疾病每次住院應自行負擔費用之最高金額及全年累計應自行負擔費用之最高金額，由主管機關公告之。（健保法第 47 條）

❹ 保險對象有下列情形之一者，免依第 43 條及前條規定自行負擔費用：1）重大傷病。2）分娩。3）山地離島地區之就醫。（健保法第 48 條）

健保自墊醫療費用核退

❶ 保險對象有下列情形之一者，得向保險人申請核退自墊醫療費用：1）於台灣地區內，因緊急傷病或分娩，須在非保險醫事服務機構立即就醫。2）於台灣地區外，因罹患保險人公告之特殊傷病、發生不可預期之緊急傷病或緊急分娩，須在當地醫事服務機構立即就醫；其核退之金額，不得高於主管機關規定之上限。3）於保險人暫行停止給付期間，在保險醫事服務機構診療或分娩，並已繳清保險費等相關費用；其在非保險醫事服務機構就醫者，依前 2 款規定辦理。4）保險對象於保險醫事服務機構診療或分娩，因不可歸責於保險對象之事由，致自墊醫療費用。5）依第 47 條規定自行負擔之住院費用，全年累計超過主管機關所定最高金額之部分。（健保法第 55 條）

❷ 依據健保第 55 條（申請核退自墊醫療費用之條件）和第 56 條（申請核退自墊醫療費用之期限及程序）規定，全年及每次住院部分負擔之核退金額上限：民國 110 年度每次住院部分負擔金額上限為 41,000 元。全年度部分負擔上限為 69,000 元。急性病房住院 30 日內或慢性病房住院 180 日內的部分負擔費用但不包含健保所規定不給付之項目，如超過上限，可以檢具費用明細、收據正本（但保險對象同意由保險人逕行計算核退費用金額者，得免檢具）和核退申請書，於次年 6

月 30 日前申請核退醫療費用。

❸ 海外核退：如到國外、大陸地區旅遊或處理事務，臨時發生不可預期的緊急傷病或緊急生育情事，必須在當地醫療院所立即就醫時，須在急診、門診治療當日或出院之日起算 6 個月內，申請核退醫療費用，核退標準則依全民健康保險給付規定核實支付，惟訂有上限。（資料來源：衛生福利部中央健康保險署→首頁→健保服務→健保醫療費用→就醫費用與退費 →自墊醫療費用核退→自墊醫療費用核退簡介及申請相關表單，https://www.nhi.gov.tw/Content_List.aspx?n＝9D717774D5E1ADE9&topn＝3185A4DF68749BA9）

核退請求權以 6 個月為限（健保法第 56 條）

保險對象依前條規定申請核退自墊醫療費用，應於下列期限內為之：

❶ 依第 1 款、第 2 款或第 4 款規定申請者，為門診、急診治療當日或出院之日起 6 個月內。但出海作業之船員，為返國入境之日起 6 個月內。

❷ 依第 3 款規定申請者，為繳清相關費用之日起 6 個月內，並以最近 5 年發生者為限。

❸ 依第 5 款規定申請者，為次年 6 月 30 日前。保險對象申請核退自墊醫療費用應檢具之證明文件、核退基準與核退程序及其他應遵行事項之辦法，由主管機關定之。

延伸閱讀

相關法條

❶ 具有中華民國國籍，符合下列各款資格之一者，應參加本保

險為保險對象：1）最近 2 年內曾有參加本保險紀錄且在台灣地區設有戶籍，或參加本保險前 6 個月繼續在台灣地區設有戶籍。2）參加本保險時已在台灣地區設有戶籍之下列人員：（1）政府機關、公私立學校專任有給人員或公職人員。（2）公民營事業、機構之受僱者。（3）前 2 目被保險人以外有一定雇主之受僱者。（4）在台灣地區出生之新生嬰兒。（5）因公派駐國外之政府機關人員與其配偶及子女。（6）曾有參加本保險紀錄而於本法中華民國 100 年 1 月 4 日修正之條文施行前已出國者，於施行後 1 年內首次返國時，得於設籍後即參加本保險，不受前項第 1 款 6 個月之限制。（健保法第 8 條）

❷ 除前條規定者外，在台灣地區領有居留證明文件，並符合下列各款資格之一者，亦應參加本保險為保險對象：1）在台居留滿 6 個月。2）有一定雇主之受僱者。3）在台灣地區出生之新生嬰兒。（健保法第 9 條）

❸ 被保險人區分為下列六類：1）第 1 類：（1）政府機關、公私立學校之專任有給人員或公職人員。（2）公、民營事業、機構之受僱者。（3）前 2 目被保險人以外有一定雇主之受僱者。（4）雇主或自營業主。（5）專門職業及技術人員自行執業者。2）第 2 類：（1）無一定雇主或自營作業而參加職業工會者。（2）參加海員總工會或船長公會為會員之外僱船員。3）第 3 類：（1）農會及水利會會員，或年滿 15 歲以上實際從事農業工作者。（2）無一定雇主或自營作業而參加漁會為甲類會員，或年滿 15 歲以上實際從事漁業工作者。4）第 4 類：（1）應服役期及應召在營期間逾 2 個月之受徵集及召集在營服兵役義務者、國軍軍事學校軍費學生、經國防部認定之無依軍眷及在領卹期間之軍人遺族。（2）服替代役期

間之役齡男子。（3）在矯正機關接受刑之執行或接受保安處分、管訓處分之執行者。但其應執行之期間，在 2 個月以下或接受保護管束處分之執行者，不在此限。5）第 5 類：合於社會救助法規定之低收入戶成員。6）第 6 類：（1）榮民、榮民遺眷之家戶代表。（2）第 1 款至第 5 款及本款前目被保險人及其眷屬以外之家戶戶長或代表。前項第 3 款第 1 目實際從事農業工作者及第 2 目實際從事漁業工作者，其認定標準及資格審查辦法，由中央農業主管機關會同主管機關定之。（健保法第 10 條）

❹ 各類被保險人之投保單位如下：1）第 1 類及第 2 類被保險人，以其服務機關、學校、事業、機構、雇主或所屬團體為投保單位。但國防部所屬被保險人之投保單位，由國防部指定。2）第 3 類被保險人，以其所屬或戶籍所在地之基層農會、水利會或漁會為投保單位。3）第 4 類被保險人：（1）第 10 條第 1 項第 4 款第 1 目被保險人，以國防部指定之單位為投保單位。（2）第 10 條第 1 項第 4 款第 2 目被保險人，以內政部指定之單位為投保單位。（3）第 10 條第 1 項第 4 款第 3 目被保險人，以法務部及國防部指定之單位為投保單位。4）第 6 類及第 6 類被保險人，以其戶籍所在地之鄉（鎮、市、區）公所為投保單位。但安置於公私立社會福利服務機構之被保險人，得以該機構為投保單位。第 10 條第 1 項第 6 款第 2 目規定之被保險人及其眷屬，得徵得其共同生活之其他類被保險人所屬投保單位同意後，以其為投保單位。但其保險費應依第 23 條規定分別計算。第 1 項第 4 款規定之投保單位，應設置專責單位或置專人，辦理本保險有關事宜。在政府登記有案之職業訓練機構或考試訓練機關接受訓練之第六類保險對象，應以該訓練機構（關）為投保單位。投保單位欠繳保險費 2 個月以上者，保險人得洽定其他

投保單位為其保險對象辦理有關本保險事宜。投保單位應於保險對象合於投保條件之日起 3 日內,向保險人辦理投保;並於退保原因發生之日起 3 日內,向保險人辦理退保。(健保法第 15 條)

❺ 第 18 條及第 23 條規定之保險費負擔,依下列規定計算之:1)第 1 類被保險人:(1)第 10 條第 1 項第 1 款第 1 目被保險人及其眷屬自付 30%,投保單位負擔 70%。但私立學校教職員之保險費,由被保險人及其眷屬自付 30%,學校負擔 35%,其餘 35%,由中央政府補助。(2)第 10 條第 1 項第 1 款第 2 目及第 3 目被保險人及其眷屬自付 30%,投保單位負擔 60%,其餘 10%,由中央政府補助。(3)第 10 條第 1 項第 1 款第 4 目及第 5 目被保險人及其眷屬自付全額保險費。2)第 2 類被保險人及其眷屬自付 60%,其餘 40%,由中央政府補助。3)第 3 類被保險人及其眷屬自付 30%,其餘 70%,由中央政府補助。4)第 4 類被保險人:(1)第 10 條第 1 項第 4 款第 1 目被保險人,由其所屬機關全額補助。(2)第 10 條第 1 項第 4 款第 2 目被保險人,由中央役政主管機關全額補助。(3)第 10 條第 1 項第 4 款第 3 目被保險人,由中央矯正主管機關及國防部全額補助。5)第 5 類被保險人,由中央社政主管機關全額補助。6)第 10 條第 1 項第 6 款第 1 目之被保險人所應付之保險費,由行政院國軍退除役官兵輔導委員會補助;眷屬之保險費自付 30%,行政院國軍退除役官兵輔導委員會補助 70%。7)第 10 條第 1 項第 6 款第 2 目之被保險人及其眷屬自付 60%,中央政府補助 40%。(健保法第 27 條)

二代健保補充保費（健保法第 31 條）

第 1 類至第 4 類及第 6 類保險對象有下列各類所得，應依規定之補充保險費率計收補充保險費，由扣費義務人於給付時扣取，並於給付日之次月底前向保險人繳納。但單次給付金額逾新台幣 1,000 萬元之部分及未達一定金額者，免予扣取：

❶ 所屬投保單位給付全年累計逾當月投保金額 4 倍部分之獎金。

❷ 非所屬投保單位給付之薪資所得。但第 2 類被保險人之薪資所得，不在此限。

❸ 執行業務收入。但依第 20 條規定以執行業務所得為投保金額者之執行業務收入，不在此限。

❹ 股利所得。但已列入投保金額計算保險費部分，不在此限。

❺ 利息所得。

❻ 租金收入。扣費義務人因故不及於規定期限內扣繳時，應先行墊繳。

第 31 條之補充保險費率，於本法中華民國 100 年 1 月 4 日修正之條文施行第一年，以 2%計算；自第二年起，應依本保險保險費率之成長率調整，其調整後之比率，由主管機關逐年公告。（健保法第 33 條）→民國 110 年 1 月 1 日起為 2.11%。

表 4-0-3 補充保險費計算

計費項目	下限	上限
全年累計超過當月投保金額 4 倍部分的獎金	無	獎金累計超過當月投保金額 4 倍後，超過的部分單次以 1,000 萬元為限。
兼職薪資所得	單次給付金額達中央勞動主管機關公告基本工資之薪資所得。	單次給付以 1,000 萬元為限
執行業務收入	單次給付達 2 萬元。	
股利所得	1. 以雇主或自營業主身分投保者：單次給付金額超過已列入投保金額計算部分達 2 萬元。 2. 非以雇主或自營業主身分投保者：單次給付達 2 萬元。	1. 以雇主或自營業主身分投保者：單次給付金額超過已列入投保金額計算部分以 1,000 萬元為限。 2. 非以雇主或自營業主身分投保者：單次給付以 1,000 萬元為限。
利息所得	單次給付達 2 萬元。	單次給付以 1,000 萬元為限
租金收入	單次給付達 2 萬元。	

註：1. 個人補充保險費的計費所得或收入達下限時，以全額計算補充保險費；逾上限時，則以上限金額計。

2. 中低收入戶、中低收入老人、接受生活扶助之弱勢兒童與少年、領取身心障礙生活補助費者、特殊境遇家庭及符合本法第100條所定之經濟困難者，單次領取未達中央勞動主管機關公告基本工資者，始得免扣取補充保險費。

資料來源：衛生福利部中央健康保險署➜首頁➜健保服務➜投保與保費➜補充保險費 ➜補充保險費計算與繳納➜補充保險費計算公式（https://www.nhi.gov.tw/Content_List.aspx?n＝91FF4945CF7E015B&topn＝3185A4DF68749BA9）

4-1 健保不給付範圍

　　健保保費低廉，CP 值超高，有些連國家都不認同的「華僑」，生病時就專程飛回台灣享受健保資源，難怪健保會瀕臨破產。為維持健保永續經營，不給付範圍和金額只會越來越多：第 45 條（自付差額之特殊材料給付）、第 47 條（保險對象住院費用自行負擔之比率）、第 51 條（不屬給付範圍之項目）、第 52 條（不屬承保之範圍）、第 53 條（不予給付之事項）和第 62 條（診斷關聯群（DRGs），總額支付制度之支付基準及費用核付方式）等等，讓自費項目和金額越來越高。

　　健保項目雖然包山包海，不給付的項目就要從商業保險來加強。如遇到變成「醫療人球」、「被醫院趕人」或「被醫院強迫出院」等，也可以像健保署申訴。

　　健保不給付範圍：

❶ 本保險給付之特殊材料，保險人得訂定給付上限及保險醫事服務機構得收取差額之上限；屬於同功能類別之特殊材料，保險人得支付同一價格。保險對象得於經保險醫事服務機構之醫師認定有醫療上需要時，選用保險人定有給付上限之特殊材料，並自付其差額。（健保法第 45 條）

❷ 保險對象應自行負擔之住院費用如下：1）急性病房：30 日以內，10%；逾 30 日至第 60 日，20%；逾 60 日起，30%。2）慢性病房：30 日以內，5%；逾 30 日至第 90 日，10%；逾 90 日至第 180 日，20%；逾 180 日起，30%。保險對象於急性病房住院 30 日以內或於慢性病房住院 180 日以內，同一疾病每次住院應自行負擔費用之最高金額及全年累計應自行負擔費用之最高金額，由主管機關公告之。（健保法第 47 條）

❸ 下列項目不列入本保險給付範圍：1）依其他法令應由各級政府負擔費用之醫療服務項目。2）預防接種及其他由各級政府負擔費用之醫療服務項目。3）藥癮治療、美容外科手術、非外傷治療性齒列矯正、預防性手術、人工協助生殖技術、變性手術。4）成藥、醫師藥師藥劑生指示藥品。5）指定醫師、特別護士及護理師。6）血液。但因緊急傷病經醫師診斷認為必要之輸血，不在此限。7）人體試驗。8）日間住院。但精神病照護，不在此限。9）管灌飲食以外之膳食、病房費差額。10）病人交通、掛號、證明文件。11）義齒、義眼、眼鏡、助聽器、輪椅、拐杖及其他非具積極治療性之裝具。12）其他由保險人擬訂，經健保會審議，報主管機關核定公告之診療服務及藥物。（健保法第 51 條）

❹ 因戰爭變亂，或經行政院認定並由各級政府專款補助之重大疫情及嚴重之地震、風災、水災、火災等天災所致之保險事故，不適用本保險。（健保法第 52 條）

❺ 保險人就下列事項，不予保險給付：1）住院治療經診斷並通知出院，而繼續住院之部分。2）有不當重複就醫或其他不當使用醫療資源之保險對象，未依保險人輔導於指定之保險醫事服務機構就醫。但情況緊急時不在此限。3）使用經事前審查，非屬醫療必要之診療服務或藥物。4）違反本保險規定之有關就醫程序。（健保法第 53 條）

延伸閱讀

❶ 保險醫事服務機構應依據醫療服務給付項目及支付標準、藥物給付項目及支付標準，向保險人申報其所提供之醫療服務之點數及藥物費用。前項費用之申報，應自保險醫事服務機構提供醫療服務之次月一日起 6 個月內為之。但有不可抗力

因素時，得於事實消滅後 6 個月內為之。保險人應依前條分配後之醫療給付費用總額及經其審查後之醫療服務總點數，核算每點費用；並按各保險醫事服務機構經審查後之點數，核付其費用。藥品費用經保險人審查後，核付各保險醫事服務機構，其支付之費用，超出預先設定之藥品費用分配比率目標時，超出目標之額度，保險人於次一年度修正藥物給付項目及支付標準；其超出部分，應自當季之醫療給付費用總額中扣除，並依支出目標調整核付各保險醫事服務機構之費用。（健保法第 62 條）

❷ DRGs。（資料來源：衛生福利部中央健康保險署→首頁→健保服務→健保醫療費用→醫療費用申報與給付→DRG 支付制度→DRG 住院診斷關聯群支付制度，https://www.nhi.gov.tw/Content_List.aspx?n＝DCCBE9C48349FFF0&topn＝CA428784F9ED78C9）

❸ 健保署非常重視病患就醫的權益及品質，希望落實 Tw-DRGs 支付制度，鼓勵提升醫療效率的目的，醫院以最有效率的醫療服務改善病人的健康，已於「全民健康保險醫院醫療費用審查注意事項」中有關 Tw-DRGs 案件訂定下列 7 項不適當出院狀態，供民眾參考，與醫師共同討論適當的出院時間。對於不適當的出院狀態，健保署將藉由醫療費用專業審查之機制，監控與確保民眾的醫療權益。上述 7 項不適當出院狀態的原則如下：1）出院前 24 小時內生命徵象不穩定。2）尚有併發症（Complication）未獲妥善控制。3）傷口有嚴重感染、血腫或出血現象，但屬輕微感染、血腫或出血，可以在門診持續治療者除外。4）排尿困難或留置導尿管情況仍不穩定者（洗腎之病患除外）。5）使用靜脈點滴、手術傷口引流管未拔除者；但特殊引流管經醫師認 定引流液量及顏色正常，或使用居家中央靜脈營養，可出院療養、門診追蹤處理

者除外。6）非因醫療需要之轉院。7）其他經醫療專業認定仍有必要住院治療者。以上 7 項為判斷原則，病患出院狀態仍宜由醫師依個案專業認定。（資料來源：衛生福利部中央健康保險署→首頁→健保服務→健保醫療費用→醫療費用申報與給付→DRG 支付制度→DRG 住院診斷關聯群支付制度，https://www.nhi.gov.tw/Content_List.aspx?n＝DCCBE9C48349FFF0&topn＝CA428784F9ED78C9）

4-2 幫外國出生的寶寶加入健保

　　少子化變成國安問題，為了鼓勵增產報國，大型企業和政府都有相關的獎勵措施。新手父母迎接寶寶到來，興奮與手忙腳亂之際，莫忘了在請求權期限內完成迎接新生兒的相關程序。媽媽可以申請勞保生育給付或國保生育給付，和相關政府補助。

對於海外生產，如何回台申請健保補助？

❶ 健保屬於醫療補助，不管海內外，都沒有生產補助，生產補助要到勞保或國保申請。

❷ 可申請海外緊急就醫補助，前提是有健保身分。欠保費者，還是可以申請。審核人員會根據：1）計畫性或非計畫性行為。2）國內產檢紀錄。3）出入境證明。4）病例和國外就醫紀錄做判斷準則。申請不一定會核過，但如果核過，金額會有上限。

國外出生寶寶如何入籍台灣？

　　請參考內政部移民署全球資訊網→申辦服務→申辦須知→

台灣地區無戶籍國民→定居→台灣地區無戶籍國民（國外出生）申請在台灣地區定居送件須知——未滿 20 歲，https://www.immigration.gov.tw/5382/5385/7244/7250/7281/%E5%AE%9A%E5%B1%85/36430/。

如何幫外國寶寶加入全民健保？

台灣健保享譽全世界，醫療品質 CP 質高，僑外居民難捨之福利制度。但外國寶寶如何加入健保？

台灣出生的寶寶立刻享有健保服務。但在國外出生的新生兒，要向戶政單位完成初設戶籍登記滿 6 個月起，才能依附父或母參加健保。

CH5.
勞基法（勞退舊制，勞工退休金來源三）

　　一般勞工的退休金有哪些？能領多少錢？恐怕是不少勞工一輩子也搞不清楚。可以平安工作到退休，應該算是一件很幸福的事。個人因為年齡或其他因素從職場退出且達到一定的條件時，雇主必須給予員工一筆金錢報酬。社會保險的退休金可分四大來源：勞保老年給付、國保老年給付、企業退休金和個人自存。企業退休金會牽涉兩個法律條文：勞動基準法（簡稱勞基法）和勞工退休金條例（簡稱勞退）。本文先討論勞基法，又稱勞退舊制。

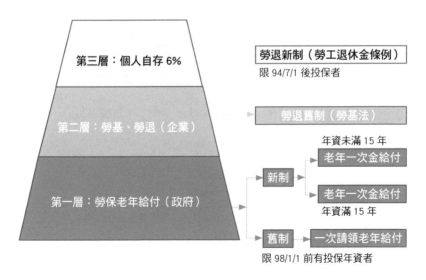

圖 5-0-1 退休金來源

製圖：吳家揚

企業退休金也可以分為兩種，新制和舊制，法源依據也不同，但都以「平均工資」為計算標準。必須於民國99年6月30日前改選新制，未改選者仍繼續適用勞退舊制。決定後，無法變更。

　　本法於左列各業適用之：1. 農、林、漁、牧業。2. 礦業及土石採取業。3. 製造業。4. 營造業。5. 水電、煤氣業。6. 運輸、倉儲及通信業。7. 大眾傳播業。8. 其他經中央主管機關指定之事業。依前項第 8 款指定時，得就事業之部分工作場所或工作者指定適用。本法適用於一切勞雇關係。但因經營型態、管理制度及工作特性等因素，適用本法確有窒礙難行者，並經中央主管機關指定公告之行業或工作者，不適用之。前項因窒礙難行而不適用本法者，不得逾第 1 項第 1 款至第 7 款以外勞工總數五分之一。（勞基法第 3 條）

請求權（勞基法第 58 條）

　　自退休之次月起，因 5 年間不行使而消滅。

資格

❶ 自請退休和強制退休（見表 5-0-1）。

❷ 勞工工作年資以服務同一事業者為限。但受同一雇主調動之工作年資，及依第 20 條規定應由新雇主繼續予以承認之年資，應予併計。（勞基法第 57 條）

❸ 其遺屬受領死亡補償之順位如下：1）配偶及子女。2）父母。3）祖父母。4）孫子女。5）兄弟姐妹。（勞基法第 59 條）

表 5-0-1 自請退休和強制退休條件

	自請退休（勞基法第 53 條）	強制退休（勞基法第 54 條）
退休條件	勞工有下列情形之一，得自請退休： 1. 工作 15 年以上，年滿 55 歲者。 2. 工作 25 年以上者。 3. 工作 10 年以上，年滿 60 歲者。	勞工非有下列情形之一，雇主不得強制其退休： 1. 年滿 65 歲者。 2. 身心障礙不堪勝任工作者。前項第 1 款規定之年齡，對於擔任具有危險、堅強體力等特殊性質之工作者，得由事業單位報請中央主管機關予以調整。但不得少於 55 歲。

雇主負擔費用（勞基法第 56 條）

雇主應依勞工每月薪資總額 2% 至 15% 範圍內，按月提撥勞工退休準備金，專戶存儲，並不得作為讓與、扣押、抵銷或擔保之標的。前項基金之收支、保管及運用，最低收益不得低於當地銀行 2 年定期存款利率之收益；如有虧損，由國庫補足之。

給付標準

❶ 勞工退休金之給與標準如下：1）按其工作年資，每滿 1 年給與 2 個基數。但超過 15 年之工作年資，每滿 1 年給與 1 個基數，最高總數以 45 個基數為限。2）依第 54 條第 1 項第 2 款規定，強制退休之勞工，其身心障礙係因執行職務所致者，依前款規定加給 20%。前項第 1 款退休金基數之標準，係指核准退休時 1 個月平均工資。（勞基法第 55 條）→這裡的 1 個月平均工資，要回到勞基法第 2 條的定義，是指「退職前 6 個月的平均工資」。

> 【（1~15 年年資）×2 基數＋（16 年以後年資）×1 基數】×月平均工資。最高為 45 基數。未滿半年者以半年計；滿半年者以 1 年計。

❷ 民國 94 年 7 月 1 日以前投保者，適用勞退舊制，適用「勞基法」。這裡的平均工資：事由發生之當日前 6 個月內所得工資總額除以該期間之總日數所得之金額。工作未滿 6 個月者，謂工作期間所得工資總額除以工作期間之總日數所得之金額。（勞基法第 2 條）

最好要自己開立專戶（勞基法第 58 條）

勞工請領退休金之權利，不得讓與、抵銷、扣押或供擔保。勞工依本法規定請領勞工退休金者，得檢具證明文件，於金融機構開立專戶，專供存入勞工退休金之用。前項專戶內之存款，不得作為抵銷、扣押、供擔保或強制執行之標的。

資遣（勞基法第 17 條）

雇主依前條終止勞動契約者，應依下列規定發給勞工資遣費：

❶ 在同一雇主之事業單位繼續工作，每滿 1 年發給相當於 1 個月平均工資之資遣費。

❷ 依前款計算之剩餘月數，或工作未滿 1 年者，以比例計給之。未滿 1 個月者以 1 個月計。同時具有新、舊制年資之勞工，其資遣費則依上開規定分段計算後，再合計發給。舊制（勞基法）沒有上限，新制（勞退）上限 6 個月。

CH6.
勞退（勞退新制，勞工退休金來源四）

　　企業退休金會牽涉兩個法律條文：勞動基準法（簡稱勞基法）和勞工退休金條例（簡稱勞退）。延續 CH5. 的討論，本文接下來將討論勞退。

　　勞退舊制通常看得到而吃不到，所以民國 94 年 7 月 1 日後，推出勞退新制。（參考資料：勞動部→新聞公告→即時新聞澄清→【澄清稿】勞退新制上路 15 年，勞動部積極強化勞工退休金制度保障，https://www.mol.gov.tw/announcement/33702/44025/）

　　本條例之適用對象為適用勞動基準法之下列人員，但依私立學校法之規定提撥退休準備金者，不適用之：1.本國籍勞工。2.與在中華民國境內設有戶籍之國民結婚，且獲准居留而在台灣地區工作之外國人、大陸地區人民、香港或澳門居民。3.前款之外國人、大陸地區人民、香港或澳門居民，與其配偶離婚或其配偶死亡，而依法規規定得在台灣地區繼續居留工作者。4.前 2 款以外之外國人，經依入出國及移民法相關規定許可永久居留，且在台灣地區工作者。本國籍人員、前項第 2 款至第 4 款規定之人員具下列身分之一，得自願依本條例規定提繳及請領退休金：1）實際從事勞動之雇主。2）自營作業者。3）受委任工作者。4）不適用勞動基準法之勞工。（勞退第 7 條）

　　本條例施行前已適用勞動基準法之勞工，於本條例施行後仍服務於同一事業單位者，得選擇繼續適用勞動基準法之退休金規定。但於離職後再受雇時，應適用本條例之退休金制度。

（勞退第 8 條）

請求權

❶ 雇主未依本條例之規定按月提繳或足額提繳勞工退休金，致勞工受有損害者，勞工得向雇主請求損害賠償。前項請求權，自勞工離職時起，因 5 年間不行使而消滅。（勞退第 31 條）

❷ 本人請求權沒有期限，因為是自己的存款，什麼時候領都可以。但勞工之遺屬或指定請領人退休金請求權，自得請領之日起，因 10 年間不行使而消滅。（勞退第 28 條）

資格

❶ 勞工年滿 60 歲，得依下列規定之方式請領退休金：1）工作年資滿 15 年以上者，選擇請領月退休金或一次退休金。2）工作年資未滿 15 年者，請領一次退休金。依前項第 1 款規定選擇請領退休金方式，經勞保局核付後，不得變更。第一項工作年資採計，以實際提繳退休金之年資為準。年資中斷者，其前後提繳年資合併計算。勞工不適用勞動基準法時，於有第 1 項規定情形者，始得請領。（勞退第 24 條）

❷ 勞工領取退休金後繼續工作者，其提繳年資重新計算，雇主仍應依本條例規定提繳勞工退休金；勞工領取年資重新計算之退休金及其收益次數，1 年以 1 次為限。（勞退第 24-1 條）

❸ 勞工未滿 60 歲，有下列情形之一，其工作年資滿 15 年以上者，得請領月退休金或一次退休金。但工作年資未滿 15 年者，應請領一次退休金：1）領取勞工保險條例所定之失能年金給付或失能等級 3 等以上之一次失能給付。2）領取國民年

金法所定之身心障礙年金給付或身心障礙基本保證年金給付。3）非屬前 2 款之被保險人，符合得請領第 1 款失能年金給付或一次失能給付之失能種類、狀態及等級，或前款身心障礙年金給付或身心障礙基本保證年金給付之障礙種類、項目及狀態。依前項請領月退休金者，由勞工決定請領之年限。（勞退第 24-2 條）

❹ 勞工於請領退休金前死亡者，應由其遺屬或指定請領人請領一次退休金。已領取月退休金勞工，於所定請領年限前死亡者，停止給付月退休金。其個人退休金專戶結算賸餘金額，由其遺屬或指定請領人領回。（勞退第 26 條）

❺ 依前條規定請領退休金遺屬之順位如下：1）配偶及子女。2）父母。3）祖父母。4）孫子女。5）兄弟、姊妹。前項遺屬同一順位有數人時，應共同具領，有未具名之遺屬者，由具領之遺屬負責分配之；有死亡、拋棄或因法定事由喪失繼承權時，由其餘遺屬請領之。但生前預立遺屬指定請領人者，從其遺屬。勞工死亡後，有下列情形之一者，其退休金專戶之本金及累積收益應歸入勞工退休基金：1）無第 1 項之遺屬或指定請領人。2）第 1 項之遺屬或指定請領人之退休金請求權，因時效消滅。（勞退第 27 條）

雇主負擔費用（勞退第 14 條）

雇主應為第 7 條第 1 項規定之勞工負擔提繳之退休金，不得低於勞工每月工資 6%。雇主得為第 7 條第 2 項第 3 款或第 4 款規定之人員，於每月工資 6%範圍內提繳退休金。

勞工自提和給付標準

❶ 第 7 條規定之人員，得在其每月工資 6%範圍內，自願提繳

退休金；其自願提繳之退休金，不計入提繳年度薪資所得課稅。第 7 條第 2 項第 1 款至第 3 款規定之人員，得在其每月執行業務所得 6%範圍內，自願提繳退休金；其自願提繳之退休金，不計入提繳年度執行業務收入課稅。（勞退第 14 條）

❷ 退休金之領取及計算方式如下：1）月退休金：勞工個人之退休金專戶本金及累積收益，依據年金生命表，以平均餘命及利率等基礎計算所得之金額，作為定期發給之退休金。2）一次退休金：一次領取勞工個人退休金專戶之本金及累積收益。前項提繳之勞工退休金運用收益，不得低於以當地銀行 2 年定期存款利率計算之收益；有不足者，由國庫補足之。第 1 項第 1 款所定年金生命表、平均餘命、利率及金額之計算，由勞保局擬訂，報請中央主管機關核定。（勞退第 23 條）

民國 94 年 7 月 1 日以後投保者，為勞退新制，適用「勞工退休金條例」。企業「每月提撥平均工資」至少 6%進勞工內，個人也可以自提 6%，進入「個人退休金專戶」，將退休金帶著走，而不用像舊制一樣限定同一家公司才行。

在勞工退休時，依個人退休金專戶內累積本利和，利用年金公式，精算每月應該核發的月退金。達請領條件後，勞工可以決定何時開始請領。目前餘命為 84 歲，所以年金可以領到 84 歲。

最好要自己開立專戶（勞退第 29 條）

勞工之退休金及請領勞工退休金之權利，不得讓與、扣押、抵銷或供擔保。勞工依本條例規定請領退休金者，得檢具勞保局出具之證明文件，於金融機構開立專戶，專供存入退休

金之用。前項專戶內之存款，不得作為抵銷、扣押、供擔保或強制執行之標的。

資遣（勞退第 12 條）

其資遣費由雇主按其工作年資，每滿 1 年發給 0.5 個月之平均工資，未滿 1 年者，以比例計給；最高以發給 6 個月平均工資為限。這裡的平均工資計算基礎根據勞基法第 2 條。同時具有新、舊制年資之勞工，其資遣費則依上開規定分段計算後，再合計發給。舊制（勞基法）沒有上限，新制（勞退）上限 6 個月。

不得變更（勞退第 10 條）

勞工適用本條例之退休金制度後，不得再變更選擇適用勞動基準法之退休金規定。

年資保留（勞退第 11 條）

本條例施行前已適用勞動基準法之勞工，於本條例施行後，仍服務於同一事業單位而選擇適用本條例之退休金制度者，其適用本條例前之工作年資，應予保留。

延伸閱讀

勞退新制和自提還有節稅優惠

（資料來源：財政部→訊息公告→新聞稿→財政部公告 109 年度綜合所得稅計算個人退職所得定額免稅之金額，https://www.mof.gov.tw/singlehtml/384fb3077bb349ea973e7fc6f13b6974?cntId=eff6b06d71ac4c98a03a27c5b5f1541f）

勞退新制和自提的好處之一是免繳當年度所得稅，有「所

得稅遞延」效果。等到退休後領取退職所得時，再依公式決定需不需要繳退職所得稅。「勞工退休金個人專戶」享有定額免稅金，免稅額計算分為兩種情形：

❶ 若一次領取退職所得，免稅額就是 18 萬元乘以服務年資，超過 18 萬元未達 36.2 萬元乘以年資，減半計列，超過 36.2 萬元乘以服務年資，全數計列。

❷ 若是分期領取，免稅額則為 78.1 萬元。超出免稅額的部分，要併入綜合所得總額申報。

　　勞工達到領取退休金的條件時，依「勞工個人退休金專戶」內累積本利和，利用年金公式，精算每月應該核發的月退金。勞保年金領到死，但勞退年金有年齡上限 84 歲，這是要注意的事。

　　假設可領年金的餘命為 20 年，企業主提撥 6%加自提 6%，計算基礎為不調薪，公式：100×12%×年金終值／年金現值。可以參考我的書《照著做，提前 10 年享受財富自由》，公式看不懂就跳過沒關係，這些數字都是用認證管理財規劃顧問專用財務計算機算出來的，直接看結果就可以了。（參見表 6-0-1）

　　自提退休金如何影響所得替代率？透過試算表可以看到在同樣的條件之下：如果不自提，表列所得替代率會減半。常調薪，所得替代率會增加。工作年資越長，所得替代率越高。投資績效越好，所得替代率也越高。餘命越長，所得替代率越低。

表 6-0-1 新制勞退預期投資報酬率

提撥年數（15 年~40 年）	3%	4%	5%	6%	7%
15 年	15%	17.7%	20.8%	24.4%	28.5%
20 年	21.7%	26.3%	31.8%	38.5%	46.4%
25 年	29.4%	36.8%	46.0%	57.4%	71.6%
30 年	38.4%	49.5%	64.0%	82.7%	107%
35 年	48.8%	65.0%	87.0%	116.6%	156.6%
40 年	60.8%	83.9%	116.3%	161.9%	226.1%

試算：吳家揚
製表：吳家揚

勞退新舊制交替時的選項

民國 94 年 7 月 1 日勞退新舊制交替時，公司會先詢問勞工意見，勞工有三種選項，但要勞資雙方合意才行：

❶ 舊制年資保留（舊制退休金繼續存在台銀信託部，勞工退休準備金專戶所有權屬於雇主，「退休金」無法存入勞保局的個人退休金專戶），之後年資轉到新制；

❷ 舊制年資結清（勞工領一筆「結清金」，結清金才可以存入勞保局的個人退休金專戶），然後適用新制；

❸ 沿用舊制。只要沒有把握可以領到舊制退休金，一律選新制比較保險。

選項 1. 達到退休條件時，可分別請領舊制退休金（一次金）和新制退休金（一次金或年金）。選項 2. 最優，但要雇主同意才行。存在個人退休金專戶中，繼續複利滾存。但若在同一家公司上班 30 年以上，選項 3. 最虧，因為舊制年資 30 年（15×2＋15×1＝45），已達 45 基數上限，接下來的年資就浪費了。

舉例 01

Q：志明民國 94 年 45 歲，工作 20 年。在目前任職企業已經服務 9 年，之前 11 年的退休金年資浪費掉了（勞保年資還在）。月薪 7 萬元，都不會調薪。預計 60 歲退休，假設勞保局和自己的投資績效都是 3%。

A：1. 選擇新制但舊制年資保留：舊制年資 9 年，可領基數 18 個月（＝9×2），可領退休金 126 萬元（＝7×18）。新制年資 15 年，累計退休金 93.7 萬元（年金(PMT)＝70000×12×6%＝50400，現值(PV)＝0，投資報酬率 (I／Y)＝3，年期 (N)＝15，求得終值 (FV)＝93.7 萬元）。合計退休金 219.7 萬元（＝126＋93.7）。

2. 選擇新制但結清舊制年資：舊制退休金 126 萬元。舊制結清後退休金可併入新制個人退休帳戶中，變為 196.3 萬元（PV＝126，I／Y＝3，N＝15，PMT＝0，求得 FV＝196.3）。新制年資 15 年，累計退休金 93.7 萬元。合計退休金 290 萬元（＝196.3+93.7）。

3. 選擇舊制：退休年資 24 年（＝9+15），可領基數 39 個月（＝15×2+9×1），可領退休金 273 萬元（＝7×39）。

第二部：
社會保險案例情境模擬綜合演練

CH7.
勞工發生職災時，記得找雇主要補償和賠償

在台灣，雇主的責任相當重大，除了一定要提供勞工應有的安全工作場所外，當勞工發生職災時，可能還會有刑事和民事責任，不可不慎。規範雇主的法律主要有職業安全衛生法、職業災害勞工保護法、勞動基準法（本文簡稱勞基法）、勞保和民法等等。不管勞工是故意或過失造成職災，雇主都需要予以補償。

當勞工發生職災時，若雇主「無過失責任」時，有「勞基法」和「勞保」來規範；然而雇主「有過失責任」時，則由「民法」和「刑法」來規範。本文的重點是勞工遇到職災時，除了可申請勞保相關給付外，還可以找雇主求償。

從勞工職災給付牽涉到勞資雙方，本文將提醒重要之注意事項。職災恐怕是勞工朋友就業期間最害怕的夢魘，一旦遇上了對身體、精神、經濟及家庭等，都是莫大的衝擊與影響，更慘的是如不了解勞保條例、勞基法和民法，也不知道自己的權利義務，不幸遇到職災時，平白失去應有之權益，傷身、傷心又傷荷包。

每個人的狀況不同，職災認定程序也很冗長和複雜，一旦遇到了，先詢問勞動部、勞保局和各縣市政府勞工局、社會局和就業服務處等等相關專業單位，問清楚接下來要怎麼做對自己最有利。也避免和司法黃牛、勞健保黃牛打交道，以免自己的權益受損。

民法：

請求權（民法 125 條）

　　請求權，因 15 年間不行使而消滅。但法律所定期間較短者，依其規定。

勞工發生職災除非雇主能證明無過失，否則通定有過失

❶ 勞工職災發生時，先「推定雇主有過失」，由民法第 184 條（侵權行為）處理。「因故意或過失，不法侵害他人之權利者，負損害賠償責任。違反保護他人之法律，致生損害於他人者，負賠償責任。但能證明其行為無過失者，不在此限。」

❷ 除非雇主能證明自己無過失，否則推定有過失。雇主有過失時，雇主要付「損害賠償責任」和「補償責任」。其中「損害賠償責任」主要依據是民法 192 條和民法 194 條「致死」的賠償；還有民法 193 條和民法 195 條「沒死」的賠償。→勞工職災死亡時可向雇主要求賠償喪葬費、對第三人法定扶養費用和精神撫慰金；勞工職災受傷時可向雇主要求賠償醫療費用、喪失或減少勞動能力之損失、增加生活需要之費用和精神撫慰金。當職災發生時，如果勞資雙方對理賠金額無法達成共識，最後只好由法院來裁判。

勞基法：

　　勞工發生職災時就算雇主無過失，雇主也要付補償責任。勞工發生職災時，若雇主無過失，雇主只要付「補償責任」。補償責任主要依據是勞基法第 59 條和第 60 條。

請求權（勞基法第 61 條）

第 59 條之受領補償權，自得受領之日起，因 2 年間不行使而消滅。

資格和給付標準

❶ 勞工因遭遇職業災害而致死亡、失能、傷害或疾病時，雇主應依下列規定予以補償。但如同一事故，依勞工保險條例或其他法令規定，已由雇主支付費用補償者，雇主得予以抵充之：1）勞工受傷或罹患職業病時，雇主應補償其必需之醫療費用。職業病之種類及其醫療範圍，依勞工保險條例有關之規定。2）勞工在醫療中不能工作時，雇主應按其原領工資數額予以補償。但醫療期間屆滿 2 年仍未能痊癒，經指定之醫院診斷，審定為喪失原有工作能力，且不合第 3 款之失能給付標準者，雇主得一次給付 40 個月之平均工資後，免除此項工資補償責任。3）勞工經治療終止後，經指定之醫院診斷，審定其遺存障害者，雇主應按其平均工資及其失能程度，一次給予失能補償。失能補償標準，依勞工保險條例有關之規定。4）勞工遭遇職業傷害或罹患職業病而死亡時，雇主除給與 5 個月平均工資之喪葬費外，並應一次給與其遺屬 40 個月平均工資之死亡補償。其遺屬受領死亡補償之順位如下：1）配偶及子女。2）父母。3）祖父母。4）孫子女。5）兄弟姐妹。（勞基法第 59 條）

❷ 將勞基法 59 條和勞保給付畫成示意圖，參見圖 7-0-1。

❸ 勞工在第 50 條規定之停止工作期間或第 59 條規定之醫療期間，雇主不得終止契約。但雇主因天災、事變或其他不可抗力致事業不能繼續，經報主管機關核定者，不在此限。（勞基法第 13 條）

❹ 職業災害勞工經醫療終止後，雇主應按其健康狀況及能力，安置適當之工作，並提供其從事工作必要之輔助設施（職業災害勞工保護法第 27 條）。非有下列情形之一者，雇主不得預告終止與職業災害勞工之勞動契約：1）歇業或重大虧損，報經主管機關核定。2）職業災害勞工經醫療終止後，經公立醫療機構認定身心障礙不堪勝任工作。3）因天災、事變或其他不可抗力因素，致事業不能繼續經營，報經主管機關核定。（職業災害勞工保護法第 23 條）

勞基法第 59 條	醫療補償	工資補償			工資終結補償	失能補償	死亡補償
		第 1 年	第 2 年	第 2 年以後			
雇主補償責任	超出勞保投保薪資	100%	100%	100%	40 個月	1.5~60 個月	45 個月
	必要之醫療費用，例如住院 30 日內的膳食費半價（CH1.1-2）	前 3 日由雇主承擔 30% / 70%（CH1.1-2）	50% / 50%（CH1.1-2）			一次金 1.5~60 個月，或年金（CH1.1-4）	45 個月，或 5 個月喪葬津貼＋年金（CH1.1-6）
	勞保投保薪資						

圖 7-0-1 勞保給付抵充勞基法職災補償

製圖：吳家揚

❺ 勞工非有下列情形之一，雇主不得強制其退休：1）年滿 65 歲者。2）身心障礙不堪勝任工作者。前項第 1 款所規定之年齡，對於擔任具有危險、堅強體力等特殊性質之工作者，得由事業單位報請中央主管機關予以調整。但不得少於 55 歲（勞基法第 54 條）。

❻ 勞工退休金之給與標準如下：1）按其工作年資，每滿 1 年給與 2 個基數。但超過 15 年之工作年資，每滿 1 年給與 1 個基數，最高總數以 45 個基數為限。2）依第 54 條第 1 項第 2 款規定，強制退休之勞工，其身心障礙係因執行職務所致者，依前款規定加給 20%。前項第 1 款退休金基數之標準，係指核准退休時 1 個月平均工資。（勞基法第 55 條）

❼ 如果雇主有幫勞工投保勞保，當勞工職災發生時，勞保給付的部分可以抵充就同一事故所生損害之賠償金額。勞工發生職災時，前提是雇主「無過失」，要負擔圖上白色區塊的「補償責任」。醫療補償和工資補償是最基本的，職災請假無上限，如果確定醫療 2 年屆滿還是「不好、不死、不殘」，雇主只好使出殺手鐧，一次付 40 個月「工資終結補償」，免除工資補償責任。

❽ 勞基法第 59 條的各種補償，每一筆都是獨立事件，需完成相關認定才能請領。在醫療期間，不能片面終止勞動契約。在未滿 55 歲前，雇主也不得強制退休，除非是身心障礙無法勝任工作。所以，勞工在領取工資終於補償 40 個月後到被強迫退休前，可能還有一段很長的時間處於「留職停薪」的狀態。賠「失能補償」之後，為避免夜長夢多，雇主應考慮「終止勞動契約」，付完一筆退休金或資遣費，才會和勞工毫無瓜葛。如果雇主只做到工資終結補償，但還沒「做好做滿」，勞工還有公司員工身分，如果再發生失能或死亡時，

雇主還要繼續付出金錢補償。勞工發生職災時，身心和財務都可能深受其害，這時都需要勞資雙方好好談一談。

舉例 01

Q：志明在公司任職 10 年，勞保投保薪資都是 45,800 元，每月工資 10 萬元。因職災而受重傷，目前昏迷中。假設兩年後仍然無法工作，勞保職災傷病給付應支付多少錢？雇主該付多少錢？

A：勞保傷病給付＝（36－3）×（45800／30）×70%＋365×（45800／30）×50%　＝386857＋278617＝665474 元。
雇主工資補償＝100000×12×2－665474＝1734526 元。

舉例 02

Q：承上題，志明兩年後仍然無法工作，雇主該付多少錢？

A：雇主工資終結補償＝100000×40＝4000000 元。

舉例 03

Q：承上題，志明如經醫師診斷為 2 級失能。勞保職災失能給付應支付多少錢？雇主該付多少錢？

A：勞保失能給付＝（45800／30）×1500＝2290000 元。
雇主失能補償＝（（100000－45800）／30）×1500＝2710000 元。

Q：承上題，志明領取相關給付後依然無法工作。雇主該付多少錢終止勞雇關係？

A：雇主強制退休金＝100000×（10×2）×（1＋20%）＝2400000 元。

Q：志明在公司任職 15 年，勞保投保薪資都是 45,800 元，每月工資 6 萬元。因職災而受重傷，住院治療 30 日，出院後陸續接受門診和復健治療共 40 日，勞保職災傷病給付應支付多少錢？雇主該付多少錢？

A：勞保傷病給付＝（30＋40-3）×（45800／30）×70%＝71601 元。

雇主工資補償＝（60000／30）×70－71601＝140000－71601＝68399 元。

如果受傷期間，公司每月都按原有工資 6 萬元繼續發放給志明，則志明無法自勞保局申請職業傷病給付。因為勞保職災傷病給付具備薪資補償性質，若以取得原有薪資，則無法再請領。

如果志明在住院期間，先行負擔 2 萬元健保費用，則志明可以：1. 向公司提出申請，由公司負擔。2. 如有團保，則透過保險公司支付。3.健保自墊醫療費用核退。

Q：志明在公司任職 3 年，每月工資 3 萬元，為臨時工，公司未加保勞健保。因職災送急救後死亡。死亡後公司不聞不問，志明身故後遺留太太春嬌和 2 位未成年子女，在雇主有過失的情況下，依民法侵權行為，春嬌可以請求那些項目？

A：醫療及增加生活上支需要費用、殯葬費、扶養費、減少勞動能力。

最好要自己開立專戶（勞基法第 61 條）

　　受領補償之權利，不因勞工之離職而受影響，且不得讓與、抵銷、扣押或供擔保。勞工或其遺屬依本法規定受領職業災害補償金者，得檢具證明文件，於金融機構開立專戶，專供存入職業災害補償金之用。前項專戶內之存款，不得作為抵銷、扣押、供擔保或強制執行之標的。

延伸閱讀

重要法條

❶ 不法侵害他人致死者，對於支出醫療及增加生活上需要之費用或殯葬費之人，亦應負損害賠償責任。被害人對於第三人負有法定扶養義務者，加害人對於該第三人亦應負損害賠償責任。第 193 條第 2 項之規定，於前項損害賠償適用之。（民法 192 條）

❷ 不法侵害他人之身體或健康者，對於被害人因此喪失或減少勞動能力或增加生活上之需要時，應負損害賠償責任。前項

損害賠償，法院得因當事人之聲請，定為支付定期金。但須命加害人提出擔保。（民法 193 條）

❸ 不法侵害他人致死者，被害人之父、母、子、女及配偶，雖非財產上之損害，亦得請求賠償相當之金額。（民法 194 條）

❹ 不法侵害他人之身體、健康、名譽、自由、信用、隱私、貞操，或不法侵害其他人格法益而情節重大者，被害人雖非財產上之損害，亦得請求賠償相當之金額。其名譽被侵害者，並得請求回復名譽之適當處分。前項請求權，不得讓與或繼承。但以金額賠償之請求權已依契約承諾，或已起訴者，不在此限。前二項規定，於不法侵害他人基於父、母、子、女或配偶關係之身分法益而情節重大者，準用之。（民法 195 條）

❺ 損害賠償，除法律另有規定或契約另有訂定外，應以填補債權人所受損害及所失利益為限。（民法 216 條）

❻ 損害之發生或擴大，被害人與有過失者，法院得減輕賠償金額，或免除之。（民法 217 條）

雇主要怎麼保護自己？

　　雇主責任是很大的，若中小企業雇主不按照規定投保勞健保，員工發生職災時，肯定會造成公司或雇主個人財務的極大負擔。不要心存僥倖，該幫員工投保就要幫員工投保，至少出事時還有勞保可以幫忙。

　　雖然雇主責任不在討論範圍，但現在法規對勞工較有利，雇主也要懂得保護自己。如果雇主連員工的勞健保都不保或投保薪資以多報少，這樣會損害勞工權益，例如退休金。但若勞

工發生職災時，雇主要負「補償責任」，尤其是民法的「損害賠償責任」，更是沒有金額上限。

雇主依前條規定給付之補償金額，得抵充就同一事故所生損害之賠償金額。（勞基法第 60 條）

就按規定投保勞健保，合法且最便宜。對高薪員工，投保薪資超過 45,800 元者，額外加保公司團險（含職災），將雇主補償責任轉嫁給保險公司。記得公司團險必須是「非員工福利」，理賠時才能抵減雇主補償責任，也能避免爭議。

雇主還要注意職場安全，避免「有過失」要負擔大額的賠償金額和刑事責任。若不幸仍要負責，至少達到「無過失」，讓勞保和團險幫忙負擔大部分的財務損失。

CH8.
勞保、國保的競合與注意事項

　　前面各章節已列出基本的元素和要件，相對簡單。本章就列出一些比較無奈或比較複雜的案例作參考。這些是整合性的問題，也比較難，要多留意。本書沒辦法列出所有情境分析，如果你無法找到答案或對自己的答案沒有把握時，就多參考勞保局網站，或直接打電話到勞保局請教承辦人員吧！

　　我們無法預知未來，所以當下請領某種給付後（尤其是勞保老年給付），可能會卡到未來的其他給付，這也是沒辦法又無奈的事，因為這是保險不重複理賠的大原則。如果「可以等到」許多條件都成就時，就可以好好詢問清楚最佳方案，擇一請領。所有的給付都要透過自己的主動申請，才不會影響自己的權益。

給付事項提醒

❶ 被保險人失能狀態符合失能給付標準附表所定失能狀態列有「終身無工作能力」者，如於民國 98 年 1 月 1 日前有保險年資，經選擇領取失能給付一次金，日後死亡時，其受益人不得再行請領遺屬年金或遺屬津貼。惟如選擇領取失能年金給付，日後死亡時，則得由其受益人選擇請領遺屬年金（按失能年金給付標準半數發給）或一次請領失能給付扣除已領失能年金給付總額之差額。（資料來源：勞保局→業務專區→勞工保險→常見問答→給付業務→失能給付→ 7. 被保險人因重度失能，是否不論領取失能給付一次金或失能年金給付，

日後死亡均不得再行請領死亡給付？https://www.bli.gov.tw/0014562.html）

❷ 有興趣的讀者，可自行參考：勞保局→業務專區→勞工保險→法令規章→行政解釋→給付部分→（七）死亡給付（含失蹤津貼）https://www.bli.gov.tw/0013046.html。例如：

Q26：有關勞保被保險人退保後，於參加國民年金保險有效期間請領身心障礙年金給付併計勞保年資，其復於勞保退保後 1 年內死亡並符合勞保條例第 20 條規定，勞保死亡給付應如何發給疑義。

A：有關勞工保險被保險人在保險有效期間發生傷病事故，並於勞工保險退保後，參加國民年金保險有效期間請領身心障礙年金給付併計勞保年資，其復於勞工保險退保後 1 年內死亡，符合勞工保險條例第 20 條之規定者，於扣除上開併計勞工保險年資給付總額後發給死亡給付之差額，如已領取國民年金保險之喪葬給付，則僅發給遺屬津貼之差額。行政院勞工委員會 99 年 6 月 23 日勞保 2 字第 0990140253 號函。

舉例 01

Q：志明 45 年次，在 53 歲就離開職場，當年國保開辦不久，自然就被納入國保。57 歲國保期間因意外死亡，國保年資有 4 年，同時還有勞保年資 20 年，退保前最後 10 年的月投保薪資都為 43,900 元，遺有 1 子滿 26 歲。57 歲的志明申請勞保老年減給年金，才領幾個月就身故。志明身故後，兒子可以申請什麼給付？

A：勞保退保當下，53 歲的志明還不具請領勞保「一次請領老年給付」資格。57 歲時，志明可以領取勞保老年年金

減給給付＝43900×20×1.55%×（1−3×4%）＝
11976 元（以公式 B 擇優領取）到身故。

1. 志明屬於勞保斷保族，除非後來再重新加入勞保，否則勞保權益就會中斷。若請領勞保年金期間死亡，遺屬只能依規定請領遺屬年金，不得改請領差額。因遺屬不符資格，所以也無法請領遺屬年金。

2. 民國 98 年 1 月 1 日以後，申請勞保老年給付年資超過 15 年，就不能加入國保了（國保第 7 條）。志明申請勞保老年減給給付當時，國保資格就喪失了。在喪失國保資格後死亡，國保當然無法申請給付。雖然繳了 4 年國保保費，但依然無法申請國保喪葬給付。

舉例 02

Q：志明 45 年次，在 53 歲就離開職場，不幸於 54 歲國保期間意外死亡，同時還有勞保年資 20 年。勞保退保一年多志明身故，針對勞保的部分，遺屬可以申請什麼給付？

A：勞保退保當下，53 歲的志明還不具請領勞保「一次請領老年給付」資格，也不具請領「老年年金減給給付」資格，所以無法請領勞保老年給付。54 歲死亡時，遺屬無法領取遺屬年金。勞保保費白繳 20 年，領不到半毛錢，勞保局也不會退還勞保保費。身故時，因為已退保一年以上，不在勞保的保障範圍，所以也無法申請勞保的被保險人死亡喪葬津貼。

國保的部分可申請喪葬給付，如果遺屬符合年金給付條件，還可以申請遺屬年金。若遺屬具勞保身分，也可以申請勞保眷屬死亡喪葬津貼。

舉例 03

Q：志明在 59 歲國保期間因意外死亡，國保年資有 3 年但未曾繳過國保保費，同時還有勞保年資 18 年，且符合一次請領老年給付條件，退保前最後 10 年的月投保薪資都為 43,900 元，還有勞退帳戶 3 萬多元的退休金。遺有外籍配偶和 2 子女，都符合眷屬資格。身故後，外配可以申請什麼給付？

A：國保和勞保勞退，這三項業務目前都是由勞保局辦理。因外配不熟悉法律，在勞保局的協助之下，有兩種給付方案。方案 1：國保喪葬給付＋國保遺屬年金給付＋勞保一次請領老年給付。方案 2：國保喪葬給付＋勞保遺屬年金給付。

最後外配決定申請：

1. 國保只要在 10 年內補繳保費加計利息，國保的權益不受影響（國民年金法第 17 條）。補繳完保費和利息後，可請領：
   (1) 國保喪葬津貼 5 個月＝18282×5＝91410 元。
   (2) 國保遺屬年金＝18282×3×1.3%＝713，因未達 3,772 元，所以每個月可領 3,772 元。每人加發 25%，最多加 50%。遺屬年金給付＝3772×1.5＝5658 元。

2. 發生失能或死亡，被保險人或其遺屬同時符合國民年金保險給付條件時，僅得擇一請領（勞保第 74-2 條，國民年金法第 32 條）。因為民國 98 年 1 月 1 日前有勞保年資，可領遺屬年金給付（勞保新制）或一次請領老年給付（勞保舊制），但經勞保局核付後，不得變更。（勞保第 63-1 條）。

對外配來說，遺屬年金留給國保，勞保部分領「一次請領老年給付」（保險給付事故性質不同），比較有利。年資 18 年，基數為 15×1＋3×2＝21。

勞保舊制一次請領老年給付金額＝43900×21＝921900 元

3. 勞退新制帳戶中的 3 萬多元。

只要外配補繳國保的保費和利息，就可獲得：國保喪葬津貼 91,410 元，國保遺屬年金 5,658 元，勞保舊制一次請領老年給付金額 92,1900 元，勞退新制 3 萬多元，共 4 筆錢。

（參考資料：勞保局→交流園地→勞保局資訊站→105 年度→11 月→ 105.11.28--曾參加勞保的國保被保險人身故，可否擇領勞保的給付？https://www.bli.gov.tw/0022205.html）

舉例 04

Q：志明在參加國保期間死亡。遺屬有媽媽，還有失聯的外配。遺屬可以領國保遺屬年金嗎？

A：1. 依據國民年金法第 41 條，只要第一順位的配偶還在，第二順位的媽媽就不能請領遺屬年金，無論第一順位是否符合請領資格或自願放棄。

2. 將來外配出現且符合資格的話，知道去申請，外配就可以請領。遺屬年金並沒有請求權期限的問題，但最多補發 5 年。

舉例 05

Q：志明在參加勞保期間死亡。遺屬有媽媽，還有失聯的外配。遺屬可以領勞保遺屬年金嗎？

A：1. 依據勞保第 65 條，媽媽只要可以提出外配失聯的證明，就可以請領志明身故的勞保遺屬年金。雖然勞保的遺屬年金和國保的遺屬年金遺屬順位和資格都一樣，但勞保的權益範圍比國保大。

2. 將來外配出現且符合資格的話，知道去申請，媽媽的遺屬年金，即停止發給，並由外配請領。因為媽媽已經開始領遺屬年金，外配並沒有請求權期限的問題。但已發放予媽媽的遺屬年金不得請求返還，也不予補發（勞保第 65 條）。

舉例 06

Q：志明年滿 66 歲，國保投保年資 10 年，但還沒請領國保老年給付就不幸過世，遺有 26 歲獨生子。請問遺屬可以領多少？

A：遺屬只能申請遺屬年金，但因遺屬不符資格，所以沒辦法請領。因退保，也無法申請喪葬給付。所繳保費全部貢獻國庫，無法領取半毛錢。

Q：志明在參加國保期間死亡，同時又符合勞保死亡給付的
　　請領規定。遺屬針對死亡這件事，可請領什麼給付？

A：表示退勞保加入國保 1 年內死亡。被保險人在保險有效
　　期間發生傷病事故，於保險效力停止後 1 年內，得請領
　　同一傷病及其引起之疾病之傷病給付、失能給付、死亡
　　給付或職業災害醫療給付（勞保第 20 條）。

　　有幾種排列組合，請依前章節的公式試算後，擇優請
　　領：

1. 勞保眷屬死亡喪葬津貼＋國保被保險人死亡喪葬給付
　　5 個月＋國保被保險人死亡遺屬年金

2. 勞保被保險人死亡遺屬津貼或遺屬年金＋勞保眷屬死
　　亡喪葬津貼＋國保被保險人死亡喪葬給付 5 個月

3. 勞保被保險人死亡喪葬津貼 5 個月＋國保被保險人死
　　亡遺屬年金

4. 勞保被保險人死亡喪葬津貼 10 個月

5. 勞保被保險人死亡遺屬津貼或遺屬年金＋國保被保險
　　人死亡喪葬給付 5 個月

6. 勞保被保險人死亡遺屬津貼或遺屬年金＋勞保被保險
　　人死亡喪葬津貼 5 個月

（參考資料：勞保局→交流園地→勞保局資訊站→107
年度→1 月→ 107.01.29--勞工退保後於參加國民年金保
險期間死亡，還可以申請勞保給付嗎？https://www.bli.
gov.tw/0022992.html）

Q：志明 45 年次，罹患腎臟病多年，在 58 歲因健康因素離開職場。勞保退保後 1 年內開始洗腎。有勞保年資 20 年，退保前最後 10 年的月投保薪資都為 43,900 元，志明的勞保老年給付如何領取比較有利？

A：1. 非不得已，不要提前請領勞保老年給付。要申請勞保老年給付，務必考慮體況和給付間的競合問題。如果已經向勞保局請領勞保老年給付，就不能申請失能給付。如果還沒請領勞保老年給付，就可向勞保局申請失能給付。（參考資料：勞保局→交流園地→勞保局資訊站→108 年度→4 月→108.04.08--領取勞保老年給付後，可否再請領失能給付？https://www.bli.gov.tw/0103542.html）

2. 勞保退保當下，就申請勞保老年給付，志明具請領勞保「一次請領老年給付」資格，25 個基數（1×15＋2×5）＝43900×25＝1097500 元。也符合勞保老年年金減給給付資格＝43900×20×1.55%×（1-2×4%）＝12520 元（以公式 B 擇優領取）到身故。如果志明領老年年金沒幾年就身故，遺屬可以領取兩者的差額（勞保第 63-1 條）。但之後的失能金，就無法請領。申請勞保老年年金後，15 年以上或 50 萬元以上，也就沒有參加國保的資格了。

3. 既然因健康因素離職退保，志明應該先撐一下，不要急著辦理勞保老年給付，而要加入國保。

4. 如果 2 顆腎都不具機能，終身必須定期透析治療，就符合 7 級失能，可以按平均日投保薪資，申請 440 天

（接下頁）

的失能一次金。志明應先領「失能一次金」＝
（43900／30）×440＝643867 元。但無法請領失能
年金，因為還沒有嚴重到可以請領失能年金。

5. 所以應該先領完失能給付後，再來領取勞保老年給
   付。失能給付領了就領了，並不會影響勞保老年年
   資，這時國保的年資也會增加。假設 60 歲才領勞保
   老年給付，老年年金給付＝43900×20×1.55%＝
   13609 元（以公式 B 擇優領取）到身故。到 65 歲才
   領國保老年年金給付＝18282×2×1.3%＝475 元。

6. 或假設 61 歲才領勞保老年給付，老年年金給付＝
   43900×20×1.55%×（1＋1×4%）＝14153 元（以
   公式 B 擇優領取）到身故。到 65 歲才領國保老年年
   金給付＝18282×3×1.3%＝713 元。

CH9.
善用法律為自己增加百萬退休金

　　勞動部最近再提及勞保年金改革方案，不外乎「多繳、少領或延退」，改革後的勞保老年年金給付一定會少領，勞工相對弱勢，因此在職時，務必為「退休」做準備。

　　退休是一輩子的課題，如果年輕時想遠一點、多存一些錢，退休時就不用看別人的臉色過日子，也不會造成家人和社會的負擔。如果我們能在現有的法律基礎上，合法的為自己增加一些退休金，將來退休也才能輕鬆的過生活。

善用兼差增加百萬勞保給付

　　以現金發給之保險給付，其金額按被保險人平均月投保薪資及給付標準計算。被保險人同時受雇於 2 個以上投保單位者，其普通事故保險給付之月投保薪資得合併計算，不得超過勞工保險投保薪資分級表最高一級。但連續加保未滿 30 日者，不予合併計算。（勞保第 19 條）

舉例 01

Q：志明 50 年次，在甲公司專職工作 40 年，65 歲請領勞保老年給付。近 10 年工資都是 36,000 元，勞保投保薪資為 36,300 元，健保投保金額 36,300 元。先不考慮勞（就）健保費用的調整。

A：志明每月甲公司勞保負擔＝36300×11.5%×20%＝835元；健保負擔＝36300×5.17%×0.3＝563元。勞健保

40 年總負擔＝（835＋563）×12×40＝671040 元。如果志明領年金而非一次金，勞保年資 40 年，65 歲退休開始請領，到 85 歲身故。勞保 B 式＝36300×40×1.55%＝22506 元（擇優給付）

假設志明也同時在乙公司部分工時兼職 5 年，工資 4,000 元。勞保投保薪資為 11,100 元，健保投保金額 24,000 元。志明每月乙公司勞保負擔＝11100×11.5%×20%＝255 元；不需重複繳交健保費。勞健保 5 年總負擔＝（255+0）×12×5＝15318 元。乙公司的型態可能是大賣場、清潔工、速食店、便利商店、保全等等行業。

兼職後的勞保投保薪資為上限 45,800 元（36300＋11100＞45800）。勞保 B 式＝45800×40×1.55%＝28396 元（擇優給付）

有兼差的新制勞保老年給付每月多 5,890 元（＝28396-22506），20 年多領 1,413,600 元（＝5890×12×20）。5 年只要多繳 15,318 元，就可以達到多領 1,399,620（＝1413600-13980）元的效果。

可考慮舊制勞保一次請領老年給付

舉例 02

Q：承上題，假設志明在同一家甲公司工作 30 年或 32.5 年退休，勞保選舊制「一次請領老年給付」。

A：60 歲退休，領 45 個基數（＝15×1＋15×2），退休金額＝36300×45＝1633500 元。如果繼續工作到 62.5

歲退休，領上限 50 個基數（＝15×1＋15×2＋
2.5×2），退休金額＝36300×50＝1815000 元。

假設志明也同時在乙公司兼職 5 年。60 歲退休金額＝
45800×45＝2061000 元。如果繼續工作到 62.5 歲退休
金額＝45800×50＝2290000 元。

雖然兼差的效益不到 50 萬元，但退休時財務狀況越確
定越好。一次請領老年給付可免除制度一改再改的不確
定性，將一筆錢放在自己安心的地方，是可以考慮的，
就看個人的需求而定。

委任經理人應善用勞退舊制

年金改革方案姑且不論最後結果為何，但有一塊區域，年
金改革會議從沒有觸及，就是勞退舊制。在擔任委任經理人之
後，如果還有被雇主利用的價值，可商量於退休前轉任普通勞
工，合法的 A 國家的錢。

依公司法委任之經理人及依民法第 553 條委任有為商號管
理事務及為其簽名之權利之經理人，均不屬勞動基準法所稱之
勞工，亦不適用勞動基準法。（資料來源：勞動部→業務專區
→勞動基準法適用→勞工身分認定→委任經理人是否屬勞動基
準法所稱之勞工，https://www.mol.gov.tw/topic/3066/5835/
7507/）

稱經理人者，謂由商號之授權，為其管理事務及簽名之
人。前項經理權之授與，得以明示或默示為之。經理權得限於
管理商號事務之一部或商號之一分號或數分號。（民法 553
條）

舉例 03

Q：志明年輕時工作一段時間後，因表現良好，同一公司轉
任委任經理人。委任經理人不屬於勞基法的勞工，委任
期間退休金由公司另外籌措。

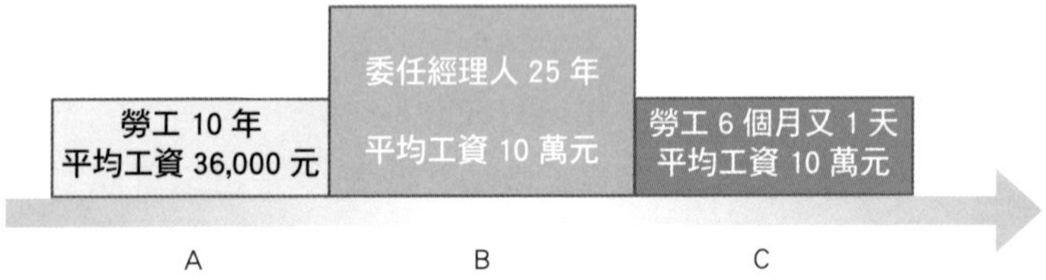

勞工 10 年 平均工資 36,000 元	委任經理人 25 年 平均工資 10 萬元	勞工 6 個月又 1 天 平均工資 10 萬元
A	B	C

圖 9-1 委任經理人的勞退舊制

製圖：吳家揚

符合勞退舊制請領條件者，如果只工作到階段 B，則舊
制退休金為 72 萬元（＝36000×10×2）。但如果想辦
法延長至階段 C，繼委任經理人之後再加入勞工身分，
舊制退休金會變為 220 萬元（＝100000×11×2）。只
要再撐半年多 1 天，就會增加 148 萬元（＝220－
72），很划算，但要雇主幫忙。

有工作事實但無固定雇主，記得要加入職業工會

現在勞工族群工作更迭愈來愈頻繁，也更容易遇到工作機
會中斷的情形，而成為勞保的「斷保族」。被轉入國保後，待
工作機會出現時，再度加回勞保。

Q：春嬌民國 110 年 51 歲（民國 59 年次），23 歲投保勞保到 36 歲（民國 95 年），回歸當家庭主婦，至今都是國保身分。累計勞保年資 13 年，最高 60 個月投保薪資已達 43,900 元；國保年資 12 年，中間 2 年年資浪費了，因為國保民國 97 年 10 月 1 日才開辦。預計 65 歲退休，並領取退休金。先不考慮勞（就）健保費用的調整。

A：勞保 B 式＝43900×13×1.55%＝8846 元（擇優給付）；國保 B 式＝18282×26×1.3%＝6179 元。每月可領 15,025 元（＝8846＋6179）。

國保每月保費 1,042 元（＝18282×9.5%×60%），總繳金額＝1042×12×14＝175056 元。勞保為 0 元。健保以眷屬身分加保，不考慮補充保費，先生志明投保薪資為 43,900 元。健保每月保費 681 元（＝43900×5.17%×0.3），總繳金額＝681×12×14＝114408 元。從現在開始到 65 歲總繳保費為 289,464 元（＝175056＋114408）。

情境假設，春嬌民國 110 年起以投保金額 24,000 元加入職業工會，持續到 65 歲退休，每月可領退休金為多少？

勞保 B 式＝43900×27×1.55%＝18372 元（擇優給付）；國保 B 式＝18282×12×1.3%＝2852 元。每月可領 21,224 元（＝18372＋2852）。

國保每月保費 0 元。沒就保，勞保每月保費＝24000×10.5%×60%＝1512 元，總繳保費 254,016 元（＝1512×12×14），健保不考慮補充保費，健保每月保費

（接下頁）

744 元（＝24000×5.17%×0.6），總繳金額＝
744×12×14＝124992 元。從現在開始到 65 歲總繳保
費為 379,008 元（＝254016＋124992）。

情境假設的保費多繳 89,544 元（＝379008-289464），
但退休金每月多 6,199 元（＝21224-15025），只要多
活 14.4 個月（＝89544／6199）就划算。超過 66 歲又
3 個月後，顯然情境假設的退休金條件好很多。國保是
不得已才投保的險種，福利比勞保差很多。

斷保族再次加入勞保，如果是一般公司行號，依法雇主需
要為其加保，但如果是有工作事實，卻無固定雇主，則可以透
過加入所屬工會的方式，由工會代為投保。例如擁有人身保險
業務員登錄證者可加入壽險工會，或文字工作者可加入藝文創
作人員職業工會等等。中高齡斷保族重回勞保身分時，是勞保
局稽核的重點。一定要加入和工作相關的工會，否則被勞保局
查到，年資不算且繳的保費也不會退還，將損失慘重。

加入勞保，退休金顯然比國保划算，看公式的係數就可以
知道。而且勞保的福利比國保多，雇主也幫勞工負擔大部分的
費用。如果有勞動事實，卻又沒有雇主時，一定要加入工會，
為自己做打算。

勞工年資之保留

被保險人於轉投軍人保險、公務人員保險或私立學校教職
員保險時，不合請領老年給付條件者，其依本條例規定參加勞
工保險之年資應予保留，於其年老依法退職時，得依本條例第
59 條規定標準請領老年給付。（勞保第 76 條）

Q：志明年輕時工作 15 年後，轉任軍公教 25 年。

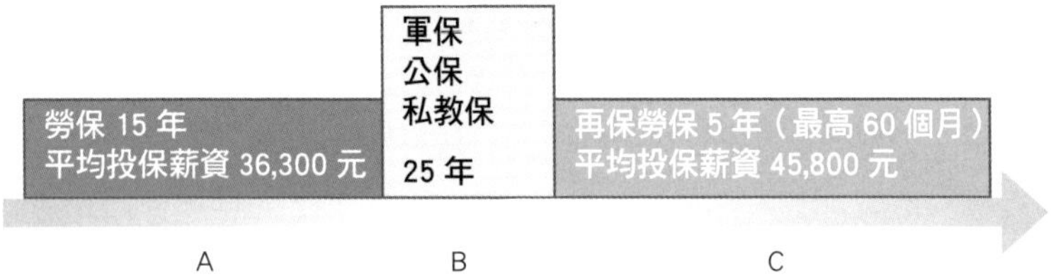

軍保 公保 私教保 25 年	
勞保 15 年 平均投保薪資 36,300 元	再保勞保 5 年（最高 60 個月） 平均投保薪資 45,800 元

A　　　　　　　B　　　　　　　C

圖 9-2 保留年資的勞退新制

製圖：吳家揚

A：1. 符合勞保老年給付請領條件時，如果只工作到階段
　　　B，則勞保年金給付為 8,440 元。勞保 B 式＝
　　　36300×15×1.55%＝8440 元（擇優給付）。

　　2. 若志明在 25 年軍公教職業生涯結束後，想辦法延長
　　　至階段 C，認為還可以工作 5 年以上，且將投保薪資
　　　拉到最高 45,800 元，則勞保年金給付變為 14,198
　　　元。勞保 B 式＝45800×20×1.55%＝14198 元（擇
　　　優給付）。

　　　如果志明 65 歲退休開始請領勞保年金，活到 85 歲，會
　　　多領 1,381,920 元（＝（14198－8440）×12×20）。
　　　再加上軍公教的養老給付和退休金，會有一個財務充足
　　　的晚年生活。

第三部：商業保險

CH10.
為何非買商業保險不可？

　　社會保險只能提供基本保障需求，從前面各章節就可以知道給付金額，完整的醫療照護應該要包含商業保險，其保障範圍比較完整。社會保險的給付項目繁多，如果中壯年就遇到職災而失能，在冗長的認定和醫療過程中，最後即使得到失能給付，但給付金額也應該無法支撐一輩子所需。失能給付金額有限，老年給付也是一樣，因為被勞保投保上限 45,800 元給限制住了。雖然職災可以找雇主理賠，但一樣勞民傷財，最好有商業保險，以彌補社會保險給付不足的問題。團體保險和學生保

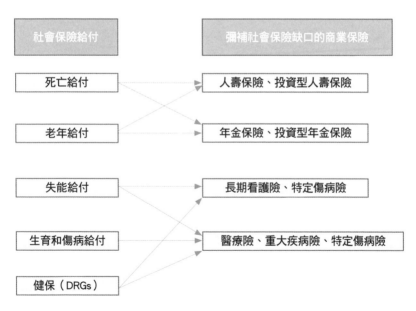

圖 10-1 社會保險和商業保險的互補性示意圖

製圖：吳家揚

險則不在討論範圍。經濟上的不安全，例如收入中斷、收入減少或是醫療費用增加，都可藉由商業保險來加強。

「為什麼買一樣的保險，我和家人不同時間買，繳的費用不一樣呢？」、「為什麼保險愈來愈貴？」，這些是我們購買保險單時常有的疑問。沒有錯！保單的確是越來越貴。

影響保費三大因素

保險公司計算保費的三個重要參數：「預定死亡率」、「預定利率」和「預定營業費用率」，而這些參數的設定取決於保險公司的規模、產品設計、投資績效、財務狀況等等相關因素。

❶ 預定死亡率：預定死亡率越高，保費價格愈高；如果是年金險則相反。

❷ 預定利率：預定的利率愈高，則保費愈低，反之亦然。

❸ 預定營業費用率：預定營業費用率和保費成正比，大型保險公司享有規模經濟的優勢。

保險公司計算出保險的價格，買同樣的保障內容，主約會比附約貴，主要原因是主約保費有去有回，而附約保費有去無回。而對「標準體」的人，近 20 年來保費越來越貴的主要原因有三個：1. 保單預定利率越來越低。2. 年紀愈大保費愈高。3. 理賠率大幅提高。

理賠率大幅提高時，也會讓保險公司停售舊保單，並提高售價推出新保單。所有的險種都一樣，本文以癌症險為例。癌症時鐘年年快轉，但多數人輕忽自己的身體狀況，尤其曾經罹癌者就要做好長期抗戰的準備，不要以為控制住病情後就怠忽守護健康。

舉例 01

Q：我在民國 86 年（28 歲）買的癌症險 6 單位附約，保費年繳 3,468 元，罹癌每日住院理賠 9,000 元。女兒在民國 96 年（6 歲）買的癌症險 6 單位附約，保費年繳 6,864 元，罹癌每日住院理賠 7,200 元（1～90 日）或 10,800 元（91 日起）。癌症險除了住院理賠外，還有很多項理賠項目，在此不一一列舉。

A：1. 如果民國 109 年買一張 6 歲女性癌症險 6 單位附約（只能買一張非常相近的保單，因為 13 年前的保單早就停售了），年繳保費 7,194 元，保費變成 1.05 倍（7194／6864），保費漲 5%，這是單純的利率效應。

2. 若民國 109 年 19 歲時買一張非常相近的保單，癌症險 6 單位附約，保費年繳 10,368 元。13 年，保費變成 1.51 倍（10368／6864），簡單計算單利每年 11.6%（151／13），可見保費隨「年紀和利率」調漲的威力驚人。

3. 同年紀男性保費是同年紀女性的 1.1～1.4 倍（0 歲到 55 歲），隨著年紀增加，倍數也會增加。年紀愈大，保費也越貴。

4. 同年紀男性保費是同年紀女性的 1.4～1.54 倍（55 歲到 65 歲），65 歲以上也可能買不到癌症險保單了。隨著年紀增加，倍數也會增加。年紀愈大，保費也越貴，因為理賠率提高許多。

保單停售效應驚人

　　每當有保單停售時，金管會嚴格禁止利用「停售」來銷售保單，但上有政策下有對策，業務員一樣會利用停售效應卯起來推銷保單。但事實證明，買到停售保單，長期而言，都賺到了。現在不可能有預定利率 8%或 6%的保單，過去幾年，幾乎每年都有保單停售，大停售潮都造成轟動和搶購。主因之一是保單預定利率愈來越低，而預計民國 115 年元旦，台灣保險業要接軌 IFRS17 報公報。

　　IFRS17 是負債面採用公允價值表達，這個公報號稱是保險業的大魔王。如近期美國降息逼近零利率，對壽險業來說，是如臨大敵的「大利空」。因為舊有的高利率保單，就會出現大量的「利差損」，需要增提大量的準備金。金管會亦緊盯國內壽險公司強化資本與淨值，以減少儲蓄險的銷售量。

　　考量到許多因素，保單越來越貴。保障不夠的人，要密切注意購買時機，而 50 歲以上的中壯年人最好可以買好買滿。會擔心保險公司倒閉的人，就該選擇績優、賺錢、大型且口碑佳的保險公司，最好是找「大到不能倒」的保險公司投保。

完整保障：
投資型年金保險、儲蓄險、年金險

加強保障：
癌症險、重大疾病險、長期看護險、
投資型壽險保險、新型態手術險和終身醫療險

基本保障：
公司團體保險；壽險主約，
至少附加實支實付附約、意外險附約和住院醫療險附約

社會保險：
例如：勞保、就保、國保和健保

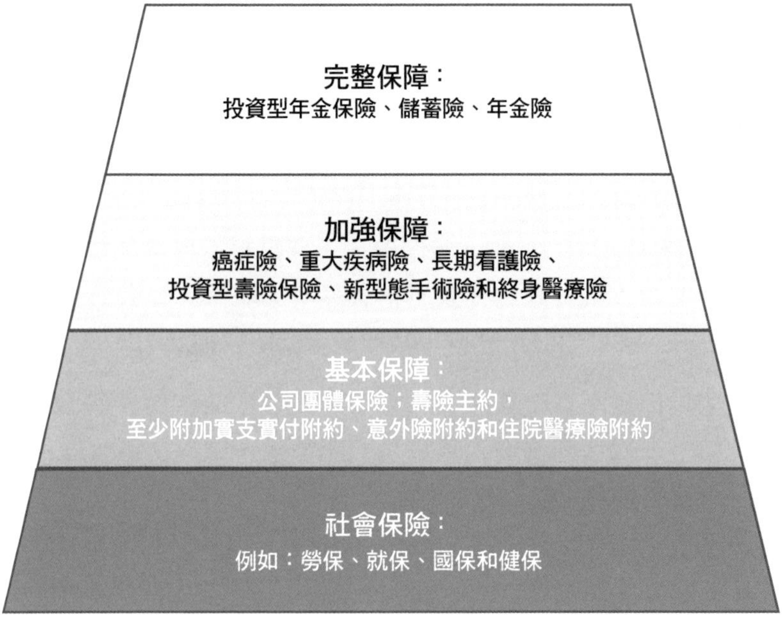

圖 10-2 理想保險規劃圖
製圖：吳家揚

　　如果有預算，重大疾病險可以加保。重大疾病的保障範圍，依據保單條款的定義為七項重大疾病：心肌梗塞、冠狀動脈繞道手術、腦中風、慢性腎衰竭（尿毒症）、癌症、癱瘓、重大器官移植手術。重大疾病險一次性理賠大金額，可以在黃金時期用最好的醫療和藥物來挽救生命的品質。缺點是很貴，在理賠後，保單「有可能」終止。

　　失能扶助險也是一定要買的，可彌補勞保失能給付和國保身心障礙年金給付的不足。例如當癌症術後，如造成某種器官失能等級，失能扶助險就會啟動理賠。

新型態手術險比傳統手術險理賠範圍更多更廣，包含「處置」。主約型態，保費可去可回，不便宜。終身醫療險，主約型態，保費可去可回，一樣不便宜。

對我們一般人而言，老後的醫療和看護需求是需要考量的，應該趁年輕保費便宜和體況良好時儘量購買。人的一生要能都沒病沒痛，那是莫大的幸運。而現代人餘命長，從 65 歲退休活到 85 歲還有 20 年的時間要過，連鐵打的機器都會老化磨損，何況是人體。因此，要過稍有品質的晚年，並要避免讓自己成為家人沉重的財務負擔，是一般人一定要顧及的。

如果你是高資產族群，未來可能需要繳遺產稅，那「財富移轉給下一代」則要納入考量。一般來說，如果你需要繳遺產稅，淨資產排名可能已經名列台灣前 3% 了。財產移轉可透過許多型式和標的物，「高保額壽險保單」就是其中一種選擇。

我認為的「最少」保障原則：癌症險住院日額 1 萬元，重大疾病 100 萬元，失能扶助險每月理賠 4 萬元。保障不夠的人，應逐漸將安全網買足。不要因為太貴而下不了手，許多人幫小孩買很多（因為最便宜），其次是女性大人（因為女性比男性便宜許多），一家之主的男性是重大經濟支柱，反而保障缺很多，這是有問題的投保方式。

最基本的商業保險防護網為壽險主約附加意外險、意外醫療、實支實付、住院日額、癌症，有錢再逐漸加強到完整保障，才能享受高品質的醫療和退休後生活。如果體況或年紀已經無法買商業醫療險，只好多存一些錢來因應。

CH11.
保險法重點提示

　　雖然我們多數人都有勞健保，但勞健保還不足夠彌補我們遭受風險的財務損失時，財務損失只能靠自己吸收，或購買商業保險來轉移風險給保險公司。商業保險主要依循的法律是保險法和保險法施行細則。以前商業保險中的定義和理賠都是根據保險法；而現在的保單條款是依據金管會保險局的示範條款，所以每家保險公司的條款「長得幾乎很像」。

　　保險分為財產保險及人身保險。財產保險，包括火災保險、海上保險、陸空保險、責任保險、保證保險及經主管機關核准之其他保險。人身保險，包括人壽保險、健康保險、傷害保險及年金保險。（保險法第 13 條）

　　本章節起，就是要來學習保險法和商業保險，利用商業保險來建構我們的保險組合，分散我們的財務風險。本文保險法重點在於人身保險和我們自己，都是以個人為主而非保險公司。繳費、破產、失蹤和比較特別的案例，將不在此討論，而財產保險也不在討論範圍。

定義
　　本法所稱保險，謂當事人約定，一方交付保險費於他方，他方對於因不可預料，或不可抗力之事故所致之損害，負擔賠償財物之行為。根據前項所訂之契約，稱為保險契約。（保險法第 1 條）→買保單。

　　本法所稱保險人，指經營保險事業之各種組織，在保險契

約成立時，有保險費之請求權；在承保危險事故發生時，依其承保之責任，負擔賠償之義務。（保險法第 2 條）→保險人就是保險公司。

本法所稱要保人，指對保險標的具有保險利益，向保險人申請訂立保險契約，並負有交付保險費義務之人。（保險法第 3 條）→保單屬於要保人的財產，通常也是付錢繳保費的人。

本法所稱被保險人，指於保險事故發生時，遭受損害，享有賠償請求權之人；要保人亦得為被保險人。（保險法第 4 條）→可戲稱被要保人拿去抵押給保險公司的人。

本法所稱受益人，指被保險人或要保人約定享有賠償請求權之人，要保人或被保險人均得為受益人。（保險法第 5 條）→不勞而獲的人。

這些法條很白話，不用多做解釋。購買保單時，最重要的三種人：要保人、被保險人和受益人，要在保單上簽名，保險業務員要見證「親見親簽」。當事人滿 7 歲，需要自己簽名；當事人未滿 7 歲時，法定代理人可以代為簽名；而當事人未滿 20 歲時，保單上需要法定代理人簽名。→民國 92 年 1 月 1 日後，20 歲改為 18 歲。

保險利益

要保人對於下列各人之生命或身體，有保險利益。1. 本人或其家屬。2. 生活費或教育費所仰給之人。3. 債務人。4. 為本人管理財產或利益之人。（保險法第 16 條）→要有保險利益，才能買保單。

要保人或被保險人，對於保險標的物無保險利益者，保險契約失其效力。（保險法第 17 條）→所以在保單簽約時，要保

人和被保險人沒有保險利益者，保單無效。通常我們都以自己、配偶或父母子女來購買保單，沒有問題。如果要保人要買保單，用小三、小王或路人甲的名義當被保險人，法律上不行，除非能證明有保險利益。

保險人責任

保險人對於由不可預料或不可抗力之事故所致之損害，負賠償責任。但保險契約內有明文限制者，不在此限。保險人對於由要保人或被保險人之過失所致之損害，負賠償責任。但出於要保人或被保險人之故意者，不在此限。被保險人之死亡保險事故發生時，要保人或受益人應通知保險人。保險人接獲通知後，應依要保人最後所留於保險人之所有受益人住所或聯絡方式，主動為通知。（保險法第 29 條）

保險人對於因履行道德上之義務所致之損害，應負賠償責任。（保險法第 30 條）→例如看到有人落水出手相救，因而受傷或死亡。

保險人應於要保人或被保險人交齊證明文件後，於約定期限內給付賠償金額。無約定期限者，應於接到通知後 15 日內給付之。保險人因可歸責於自己之事由致未在前項規定期限內為給付者，應給付遲延利息年利 1 分。（保險法第 34 條）→保險公司因自己要調病歷詳查，這段期間就必須多負擔年利率 10% 的利息。

複保險

複保險，謂要保人對於同一保險利益，同一保險事故，與數保險人分別訂立數個保險之契約行為。（保險法第 35 條）→就是可以買很多張保單的意思。

保險契約

保險契約訂立時，保險標的之危險已發生或已消滅者，其契約無效。但為當事人雙方所不知者，不在此限。訂約時，僅要保人知危險已發生者，保險人不受契約之拘束。訂約時，僅保險人知危險已消滅者，要保人不受契約之拘束。（保險法第51條）→要誠實告知。

保險契約，除本法另有規定外，應記載下列各款事項：1.當事人之姓名及住所。2.保險之標的物。3.保險事故之種類。4.保險責任開始之日時及保險期間。5.保險金額。6.保險費。7.無效及失權之原因。8.訂約之年月日。（保險法第55條）→這是最基本的契約內容和保單條款。

變更保險契約或恢復停止效力之保險契約時，保險人於接到通知後10日內不為拒絕者，視為承諾。（保險法第56條）

要保人對於保險契約內所載增加危險之情形應通知者，應於知悉後通知保險人。危險增加，由於要保人或被保險人之行為所致，其危險達於應增加保險費或終止契約之程度者，要保人或被保險人應先通知保險人。危險增加，不由於要保人或被保險人之行為所致者，要保人或被保險人應於知悉後10日內通知保險人。危險減少時，被保險人得請求保險人重新核定保費。（保險法第59條）

訂立契約時，要保人對於保險人之書面詢問，應據實說明。要保人有為隱匿或遺漏不為說明，或為不實之說明，足以變更或減少保險人對於危險之估計者，保險人得解除契約；其危險發生後亦同。但要保人證明危險之發生未基於其說明或未說明之事實時，不在此限。前項解除契約權，自保險人知有解除之原因後，經過1個月不行使而消滅；或契約訂立後經過2

年，即有可以解除之原因，亦不得解除契約。（保險法第 64 條）→簡單講，就是簽約時要誠實告知體況。大多數的理賠爭議在於一開始沒有誠實告知。需要理賠時，若保險公司調查病例，如果一開始就不該承保時，契約在 2 年內的，保險公司會解約，主張保單自始無效，所繳保費也不會退還。若保單超過 2 年，雖不能主張解約，但相關理賠也不會賠。2 年內保險公司會直接解約、拒賠，且白收你的保費。若 2 年以上，保險公司會拒賠本來隱匿不會承保的事項。

請求權 2 年

由保險契約所生之權利，自得為請求之日起，經過 2 年不行使而消滅。有下列各款情形之一者，其期限之起算，依各該款之規定：1. 要保人或被保險人對於危險之說明，有隱匿、遺漏或不實者，自保險人知情之日起算。2. 危險發生後，利害關係人能證明其非因疏忽而不知情者，自其知情之日起算。3. 要保人或被保險人對於保險人之請求，係由於第三人之請求而生者，自要保人或被保險人受請求之日起算。（保險法第 65 條）→請求權為 2 年：1.自得為請求之日指的就是保險事故的發生日，例如『人壽保險』的「身故保險金」，就是被保險人死亡當日或經法院宣告判決「死亡」之日；「失能保險金」則為診斷證明書上認定失能之日。2.除非能證明並非個人疏忽，而是其他特殊狀況無法得知，才會以「知情」之日起算。3.責任保險則受第三人的賠償請求，保險公司才需負給付責任。

人壽保險

人壽保險人於被保險人在契約規定年限內死亡，或屆契約規定年限而仍生存時，依照契約負給付保險金額之責。（保險法第 101 條）

人壽保險契約，得由本人或第三人訂立之。（保險法第 104條）→第三人，例如自己為要保人，幫太太（被保險人）買保單。

由第三人訂立之死亡保險契約，未經被保險人書面同意，並約定保險金額，其契約無效。被保險人依前項所為之同意，得隨時撤銷之。其撤銷之方式應以書面通知保險人及要保人。被保險人依前項規定行使其撤銷權者，視為要保人終止保險契約。（保險法第 105 條）→自己為要保人，幫太太（被保險人）買保單，太太要同意才行。太太也隨時可以撤銷契約，例如離婚。解約金會返還應得之人口袋中。

以未滿 15 歲之未成年人為被保險人訂立之人壽保險契約，除喪葬費用之給付外，其餘死亡給付之約定於被保險人滿 15 歲時始生效力。前項喪葬費用之保險金額，不得超過遺產及贈與稅法第 17 條有關遺產稅喪葬費扣除額之一半。（保險法第 107條）→民國 109 年喪葬費扣除額是 123 萬元，一半為 61.5 萬元。

訂立人壽保險契約時，以受監護宣告尚未撤銷者為被保險人，除喪葬費用之給付外，其餘死亡給付部分無效。前項喪葬費用之保險金額，不得超過遺產及贈與稅法第 17 條有關遺產稅喪葬費扣除額之一半。（保險法第 107-1 條）

被保險人故意自殺者，保險人不負給付保險金額之責任。但應將保險之保單價值準備金返還於應得之人。保險契約載有被保險人故意自殺，保險人仍應給付保險金額之條款者，其條款於訂約 2 年後始生效力。恢復停止效力之保險契約，其 2 年期限應自恢復停止效力之日起算。被保險人因犯罪處死或拒捕或越獄致死者，保險人不負給付保險金額之責任。但保險費已付足 2 年以上者，保險人應將其保單價值準備金返還於應得之人。（保險法第 109 條）→壽險保單，只要有效時間超過 2

年，無論死亡原因為何，保險公司都要理賠。

要保人得通知保險人，以保險金額之全部或一部，給付其所指定之受益人一人或數人。前項指定之受益人，以於請求保險金額時生存者為限。（保險法第 110 條）

保險金額約定於被保險人死亡時給付於其所指定之受益人者，其金額不得作為被保險人之遺產（保險法第 112 條）。死亡保險契約未指定受益人者，其保險金額作為被保險人之遺產（保險法第 113 條）。→在保單受益人的位置上，記得要填寫受益人名字或法定繼承人，才不會被列入被保險人的遺產。

人壽保險之保險費到期未交付者，除契約另有訂定外，經催告到達後屆 30 日仍不交付時，保險契約之效力停止。催告應送達於要保人，或負有交付保險費義務之人之最後住所或居所，保險費經催告後，應於保險人營業所交付之。第 1 項停止效力之保險契約，於停止效力之日起 6 個月內清償保險費、保險契約約定之利息及其他費用後，翌日上午零時起，開始恢復其效力。要保人於停止效力之日起 6 個月後申請恢復效力者，保險人得於要保人申請恢復效力之日起 5 日內要求要保人提供被保險人之可保證明，除被保險人之危險程度有重大變更已達拒絕承保外，保險人不得拒絕其恢復效力。保險人未於前項規定期限內要求要保人提供可保證明或於收到前項可保證明後 15 日內不為拒絕者，視為同意恢復效力。保險契約所定申請恢復效力之期限，自停止效力之日起不得低於 2 年，並不得遲於保險期間之屆滿日。保險人於前項所規定之期限屆滿後，有終止契約之權。保險契約終止時，保險費已付足 2 年以上，如有保單價值準備金者，保險人應返還其保單價值準備金。保險契約約定由保險人墊繳保險費者，於墊繳之本息超過保單價值準備金時，其停止效力及恢復效力之申請準用第一項至第六項規

定。（保險法第 116 條）→保單被催告而效力停止後的停效這段時間，保險公司不用負理賠責任。要保人在停效後 6 個月之內，繳清保費和利息，保險公司要無條件復效。若超過 6 個月，即使繳清保費和利息，要保人還要提供被保險人的可保證明，保險公司才會復效。超過 2 年，保單自動失效。

保險人依前條規定，或因要保人請求，得減少保險金額或年金。其條件及可減少之數額，應載明於保險契約。（保險法第 118 條）→展期或減額。

受益人故意致被保險人於死或雖未致死者，喪失其受益權。前項情形，如因該受益人喪失受益權，而致無受益人受領保險金額時，其保險金額作為被保險人遺產。要保人故意致被保險人於死者，保險人不負給付保險金額之責。保險費付足 2 年以上者，保險人應將其保單價值準備金給付與應得之人，無應得之人時，應解交國庫。（保險法第 121 條）→除外責任。對要保人的道德風險，保險公司要求最高。

被保險人年齡不實，而其真實年齡已超過保險人所定保險年齡限度者，其契約無效，保險人應退還所繳保險費。因被保險人年齡不實，致所付之保險費少於應付數額者，要保人得補繳短繳之保險費或按照所付之保險費與被保險人之真實年齡比例減少保險金額。但保險事故發生後，且年齡不實之錯誤不可歸責於保險人者，要保人不得要求補繳短繳之保險費。因被保險人年齡不實，致所付之保險費多於應付數額者，保險人應退還溢繳之保險費。（保險法第 122 條）→實務上，現在不容易發生。

健康保險

健康保險人於被保險人疾病、分娩及其所致失能或死亡

時，負給付保險金額之責。前項所稱失能之內容，依各保險契約之約定。（保險法第 125 條）

保險人於訂立保險契約前，對於被保險人得施以健康檢查。前項檢查費用，由保險人負擔。（保險法第 126 條）→購買保單時，如果保險公司有疑慮或抽查需要體檢時，體檢費用由保險公司負擔，被保險人可以享受一次免費體檢。

保險契約訂立時，被保險人已在疾病或妊娠情況中者，保險人對是項疾病或分娩，不負給付保險金額之責任。（保險法第 127 條）→要誠實告知。

被保險人故意自殺或墮胎所致疾病、失能、流產或死亡，保險人不負給付保險金額之責。（保險法第 128 條）→除外責任。

被保險人不與要保人為同一人時，保險契約除載明第 55 條規定事項外，並應載明下列各款事項：1. 被保險人之姓名、年齡及住所。2. 被保險人與要保人之關係。（保險法第 129 條）

傷害保險

傷害保險人於被保險人遭受意外傷害及其所致失能或死亡時，負給付保險金額之責。前項意外傷害，指非由疾病引起之外來突發事故所致者。（保險法第 131 條）→傷害保險就是意外險，意外的定義就是：外來、突發和非疾病。

被保險人故意自殺，或因犯罪行為，所致傷害、失能或死亡，保險人不負給付保險金額之責任。（保險法第 133 條）→除外責任。

受益人故意傷害被保險人者，無請求保險金額之權。受益人故意傷害被保險人未遂時，被保險人得撤銷其受益權利。

（保險法第 134 條）

年金保險

年金保險人於被保險人生存期間或特定期間內，依照契約負一次或分期給付一定金額之責。（保險法第 135-1 條）

受益人於被保險人生存期間為被保險人本人。保險契約載有於被保險人死亡後給付年金者，其受益人準用第 110 條至第 113 條規定。（保險法第 135-3 條）

實務舉例

舉例 01

Q：民國 105 年 10 月志明投保壽險保額 200 萬元，癌症險 100 萬元，民國 107 年 12 月因癌症死亡。受益人可領多少錢？

A：保險公司調病例時發現，志明在民國 105 年 8 月開始做癌症治療。所以受益人只能領壽險 200 萬元，癌症險不賠。

舉例 02

Q：民國 105 年 10 月志明投保壽險保額 200 萬元，但有 50 萬保單貸款，負債 500 萬元，民國 107 年 12 月因意外死亡。受益人可領多少錢？

A：假設受益人也是繼承人，繼承人拋棄繼承，所以負債 500 萬元拋掉了，但不影響保單權益。所以受益人可以領 150 萬元的保險金。

Q：志明投保壽險保額 200 萬元，意外險 100 萬元，因高樓
　　爬窗竊盜而不幸摔死。受益人可領多少錢？

A：壽險 200 萬元。意外險不賠，因為是犯罪，除外責任。

CH12.
教你看懂商業保險條款

從理財規劃的角度來看保險，可以參考我的書《照著做，提前 10 年享受財富自由》；從投資的觀點來看保險，可以參考另一本書《從 5000 元開始，以小錢搏大錢》。本書是從「看懂」保險的觀點來寫，讓你有能力建構自己的商業保險防護網。而從保單稅務或理賠實務的觀點來看保險，也可以寫出另外一本書。

本章起開始進入商業保險，本文以我 20 年前買的安泰富貴終身壽險（20NWLD）為例，列舉一些重要條款來說明。如果保險法有提到的，這裡就不再重複。保單要有效，一定要繳費，該繳費而不繳費造成的損失很大，不特別提醒。

終身壽險保單條款

【保險契約的構成】本保險單條款、附著之要保書、批註及其他約定書，均為本保險契約（以下簡稱本契約）的構成部分。本契約的解釋，應探求契約當事人的真意，不得拘泥於所用的文字；如有疑義時，以作有利於被保險人的解釋為準。→所有文件都應該整理好收好。遇到理賠和保險公司有爭議時，以條款有利於自己的方面解釋，來爭取自己的權益。基本上，只要說得通又合理，現在的法官判決會比較偏向保戶。

【名詞定義】→理賠的根據，一定要符合定義才會理賠。

【保險責任的開始及交付保險費】1. 本公司對本契約應負的責任，自本公司同意承保且要保人交付第一期保險費時開

始，本公司並應發給保險單作為承保的憑證。2. 要保人在本公司簽發保險單前先交付相當於第一期保險費而發生應予給付之保險事故時，本公司仍負保險責任。→當保單簽約繳費後，保險公司的責任就開始了。

最近幾年，現在的保單條款多了一句話：3.「前項情形，在本公司為同意承保與否之意思表示前發生應予給付之保險事故時，本公司仍負保險責任。」→當保單簽約後，保險公司的責任就開始了。

至於會不會理賠，看條款「等待期」而定。等待期是購買保單後，必須經過一定的期間之後所發生的保險事故，保險公司才會進行理賠。一般來說，住院醫療險的等待期，疾病通常是 30 天，而重大疾病險通常是 90 天。

【契約撤銷權】要保人於保險單送達的翌日起算 10 日內，得以書面檢同保險單親自或掛號郵寄向本公司撤銷本契約。要保人依前項規定行使本契約撤銷權者，撤銷的效力應自要保人親自送達時起或郵寄郵戳當日零時起生效，本契約自始無效，本公司應無息退還要保人所繳保險費；本契約撤銷生效後所發生的保險事故，本公司不負保險責任。但契約撤銷生效前，發生保險事故者，視為未撤銷，本公司仍應依本契約規定負保險責任。→購買保單後，會有一張「保單簽收回條」，要簽名簽日期，畫押 10 天之後，保單就無法再用任何理由不認帳。10 天之後，如果真的不要這張保單，只能解約、減額或展期來處理這張保單。但如果買了之後反悔，10 天之內向保險公司撤銷保單，或不要在保單簽收回條上簽名和簽日期，保單自然作廢不會生效。

【保險範圍與給付】本契約保險金的給付分為「身故保險金」（或喪葬費用保險金）、「完全殘廢保險金」及「2 級殘廢

保險金」三種，按照下列規定給付。1. 被保險人於本契約有效期間內身故時，本公司按保險金額給付「身故保險金」， 並返還該保單年度按日數比例計算已繳付而尚未到期之保險費。但本契約訂定時，被保險人實際年齡未滿 14 足歲，或心神喪失或精神耗弱，其「身故保險金」變更為「喪葬費用保險金」。本契約以未滿 14 足歲之未成年人，或心神喪失或精神耗弱之人為被保險人，於民國 90 年 7 月 11 日（含）以後投保之喪葬費用保險金額總和（不限本公司），不得超過主管機關所訂定之喪葬費用額度上限，其超過部分本公司不負給付責任，本公司並應無息退還該超過部分之已繳保險費。稱主管機關所訂定之喪葬費用額度上限如下：1）民國 91 年 12 月 31 日（含）以前為新台幣 100 萬元。2）民國 92 年 1 月 1 日起調整為新台幣 200 萬元。3）民國 92 年 10 月 1 日起要保之簡易人壽保險契約其喪葬費用保險金額應合併計算。2. 被保險人同時有兩項以上完全殘廢時，本公司只給付一項「完全殘廢保險金」。本公司給付「完全殘廢保險金」後，本契約即行終止。3. 被保險人於本契約有效期間內致成 2 級殘廢，並經醫院診斷確定者，本公司按保險金額的 75%給付「2 級殘廢保險金」。被保險人同時有兩項以上 2 級殘廢時，本公司只給付一項「2 級殘廢保險金」。被保險人同時有完全殘廢及 2 級殘廢時，本公司只給付「完全殘廢保險金」。→差別在於死亡給付或所繳保費加計利息，14 足歲後保障比較大，主要是要避免道德風險。完全殘廢和 2 級殘廢，依保單定義。現在的保單已將殘廢，改名為「失能」，最高理賠 1 級失能後，契約終止。保險範圍和給付內容是保單條款重點中的重點，要詳細閱讀。

　　【身故保險金或「喪葬費用保險金」的申請】受益人申領「身故保險金」或「喪葬費用保險金」時，應檢具下列文件：1. 保險單或其謄本。2. 被保險人死亡證明書。3. 保險金申請書。4. 受益人的身分證明。→基本上，文件要齊全，缺一不可，沒得商

量。若有缺，可能要透過法律途徑來解決。（請參考 CH14.）

【完全殘廢保險金及二級殘廢保險金的申領】受益人申領「完全殘廢保險金」或「二級殘廢保險金」時，應檢具下列文件：1. 保險單或其謄本。2. 殘廢診斷書。3. 保險金申請書。4. 受益人的身分證明。受益人申領完全殘廢保險金或二級殘廢保險金時，本公司得對被保險人的身體予以檢驗，其一切費用由本公司負擔。→基本上，文件要齊全，缺一不可，沒得商量。若有缺，可能要透過法律途徑來解決。（請參考 CH14.）

【除外責任】被保險人有下列情形之一者，本公司不負給付保險金責任。1. 受益人故意致被保險人於死，但其他受益人仍得申請全部保險金。2. 要保人故意致被保險人於死。要保人如為受益人之一者，其他受益人不適用前款但書之規定，即其他受益人亦不得申請保險金。3. 被保險人故意自殺或自成完全殘廢或 2 級殘廢。但自契約訂立或復效之日起 2 年後故意自殺致死者，本公司仍負給付身故保險金或喪葬費用保險金之責任。4. 被保險人因犯罪處死或拒捕或越獄致死或完全殘廢或 2 級殘廢。前項第 1、2 款情形致被保險人完全殘廢或 2 級殘廢時，本公司按約定給付完全殘廢保險金或二級殘廢保險金。第 1 項各款情形而未給付保險金者，本契約累積達有保單價值準備金時，依照約定退還保單價值準備金予要保人。→每個字都很重要，要搞清楚。

舉例 01

Q：志明為要保人，小孩為被保險人，投保壽險保額 200 萬元，受益人為志明和小孩的媽媽春嬌。志明故意致小孩於死，但春嬌未參與謀殺行動。受益人可領多少錢？

A：0 元。

【欠繳保險費或未還款項的扣除】本公司給付各項保險金、解約金或返還保單價值準備金時，如要保人有欠繳保險費（包括經本公司墊繳的保險費）或保險單借款未還清者，本公司得先抵償上述欠款及扣除其應付利息後給付。

【減少保險金額】要保人在本契約有效期間內，得申請減少保險金額，但是減額後的保險金額，不得低於本保險最低承保金額，其減少部分視為終止契約。

【減額繳清保險】要保人繳足保險費累積達有保單價值準備金時，要保人得以當時保單價值準備金扣除營業費用後的數額作為一次繳清的躉繳保險費，向本公司申請改保同類保險的「減額繳清保險」，其保險金額如附表。要保人變更為「減額繳清保險」後，不必再繳保險費，本契約繼續有效，其給付條件與原契約同，但保險金額以減額繳清保險金額為準。→保障期間不變，但保額變少。

【展期定期保險】要保人繳足保險費累積達有保單價值準備金時，要保人得以當時保單價值準備金扣除營業費用後的數額作為一次繳清的躉繳保險費，向本公司申請改為「展期定期保險」，被保險人於展延期間身故或致成「完全殘廢」時，本公司給付保險金。上述保險金額為原保險金額扣除保險單借款本息或墊繳保險費本息後之餘額。要保人不必再繳保險費，其展延期間如附表，但不得超過原契約的滿期日。→保額不變，保障期間變短。

【保險單借款】→手續很方便，以前只要打電話就可以辦理。現在無法使用電話借款，必須臨櫃或透過網路申請才行。貸款金額幾個小時後就撥下來，但貸款利率一定比保單預定利率高 0.25%～0.5%，除非是公司促銷期間。短期週轉還可以忍受，長期可能會有失去保單的風險。

【年齡的計算及錯誤的處理】被保險人的投保年齡以足歲計算，但是未滿 1 歲的零數超過 6 個月者加算 1 歲。要保人在申請投保時，應將被保險人出生年月日在要保書填明。如果發生錯誤應依照下列規定辦理。1. 真實投保年齡較本公司保險費率表所載最高年齡為大者，本契約無效，其已繳保險費無息退還要人。2. 因投保年齡的錯誤，而致溢繳保險費者，本公司無息退還溢繳部分的保險費。如在發生保險事故後始發覺且其錯誤發生在本公司者，本公司按原繳保險費與應繳保險費的比例計算保險金額。3. 因投保年齡的錯誤，而致短繳保險費者，應補足其差額；如在發生保險事故後始發覺者，本公司得按原繳保險費與應繳保險費的比例計算保險金額，但錯誤發生在本公司者，不在此限。前項第 1 款、第 2 款前段情形，其錯誤原因歸責於本公司者，應加計利息退還保險費，其利息按年息 5% 計算。→保險年齡和實際年齡的定義不同，人壽保單都以保險年齡計算保費。

【受益人的指定及變更】要保人於訂立本契約時或保險事故發生前，得指定或變更受益人。前項受益人的變更於要保人檢具申請書及被保險人的同意書送達本公司時生效，本公司應即批註於本保險單。受益人變更，如發生法律上的糾紛，本公司不負責任。完全殘廢保險金及二級殘廢保險金的受益人，為被保險人本人，本公司不受理其指定或變更。受益人同時或先於被保險人本人身故，除要保人已另行指定受益人外，以被保險人之法定繼承人為本契約受益人。前項法定繼承人之順序及應得保險金之比例適用民法繼承編相關規定。→在未出事理賠前，受益人可隨時變更。

【時效】由本契約所生的權利，自得為請求之日起，經過 2 年不行使而消滅。→商業保險的請求權時效只有 2 年，很重要。

【增加保額】被保險人係按標準費率承保者，可在保單之每 5 週年日，或其結婚或有新生子女後第 1 個保單週年日，無需提供可保性證明文件，申請增加原保險金額的 25%，但增加後的保險金額，最高不得超過本公司業務手冊中所規定的最高承保金額。保單進入豁免保險費狀態，或變更為減額繳清保險或展期定期保險，就不適用前項規定。→這是利用投保當時年紀的預定利率來購買壽險保額，這是最便宜購買保額的方式，因為現在利率太低，保費太貴。時間一到，一定要記得自己的權益，業務員是不會通知你的，因為沒有佣金。

【更約權】在保單有效期間內，依保單條款和公司規定，可申請轉換當時本公司銷售中的其他保單。→有些保單現在可以轉為實物給付型保單，但不划算。

【二級殘障，豁免保險費】經醫院醫師診斷 2 級失能確定，本公司豁免失能診斷確定日後本契約（不含附約）續期應繳之各期保險費，本契約繼續有效。→保險公司幫你繳保費，但算你繳的。

【全殘扶助保險金的給付】前 5 年為死亡保額的 5%，第 6 年起為 10%，最高上限為每年 100 萬元。

【免費健康檢查】保費達 25,000 元（含）以上時，可享受每 3 年免費健檢一次。

【國際航空班機平安保險金附加條款】→依定義，會額外給付當時保險金額的 50%。若有許多保單，最高合計 200 萬元。

【生命末期提前給付保險金】醫生診斷證明，當時保險金額 70%。→可將錢提早拿出來運用。

【海外急難救助】服務項目很多很廣泛，也有代墊款的服務，以 30 萬元為限。安泰保單若保 2 份以上，只會以 1 份為限。

依自己的需求，將保單條款改寫為自己看得懂的白話文

表 12-1 20NWLD 理賠項目和金額

	理賠項目 / 險種	XX 人壽 / 安泰富貴終身壽險 (20NWLD)
1	身故	125 萬（需扣除 2 級殘給付，契約終止）（原 100 萬元）
2	全殘	125 萬（需扣除 2 級殘給付，契約終止）
3	二級殘廢給付	93.75 萬（保額 75%）
4	保單紅利	Yes（預定利率 4%，預定死亡率 90 %）
5	保險金額增加申 請	1. 本契約第 5 週年或每屆滿 5 週年 2. 被保險人結婚或子女出生後第一本契約週年日 3. 每次可增加原保額 25%（保單批註，最高不得超過業務手冊規定最高金額）
6	更約權	Yes（保單批註）
7	全殘扶助金到身故（每年）	6.25 萬（5%）或 12.5 萬（10%，第 6 年起）
8	生命末期	87.5 萬（保額 70%）
9	二級殘廢豁免保費附加條款	Yes
10	未到期保費返回附加條款	Yes
11	健檢附加條款	主約 25,000 元以上，每 3 年健檢（應繳保費到期日起 1 個月內書面申請）
12	國際航班平安險附加條款	意外死亡或全殘，再加 62.5 萬（保額 50%）
13	海外急難救助	Yes，墊款最高 125 萬 富邦保險若保 2 份以上，只會理賠 1 份

整理：吳家揚

表 12-2 20NWLD 解約金、減額繳清和展期保險表

年度	保費 (yearly)	保費 (totally)	累積領回	保單年度	年度末生存、期滿保證金	年度末解約金	年度末減額繳清保額	展期保險展期年限	展期生存保險金	自然身故	意外身故
2010	22,473	202,257	0	9	0	149,900	477,100	26.37		1,000,000	1,000,000
2011	22,473	224,730	0	10	0	174,100	536,900	27.82		1,000,000	1,000,000
2012	22,473	247,203	0	11	0	196,600	587,900	28.84		1,000,000	1,000,000
2013	22,019	269,222	0	12	富邦集體匯繳 0	219,800	637,500	29.76		1,000,000	1,000,000
2014	22,019	291,241	0	13	0	243,700	685,900	30.62		1,000,000	1,000,000
2015	22,019	313,260	0	14	0	268,300	733,200	31.45		1,000,000	1,000,000
2016	22,019	335,279	0	15	0	293,800	779,500	32.29		1,000,000	1,000,000
2017	100,974	436,253	0	16	0	400,125	1,031,250	33.20	第一次 加碼 25%	1,250,000	1,250,000
2018	27,524	463,777	0	17	0	434,250	1,087,125	34.26	0	1,250,000	1,250,000
2019	27,524	491,301	0	18	0	469,625	1,142,125	35.64	0	1,250,000	1,250,000
2020	27,524	518,825	0	19	0	506,375	1,196,375	37.82	0	1,250,000	1,250,000
2021	27,524	546,349	0	20	0	544,375	1,250,000	0	0	1,250,000	1,250,000
2022	close	546,349	0	21	0	560,000	-	0		1,250,000	1,250,000
2023	close	546,349	0	22	0	575,875		-	0	1,250,000	1,250,000
2024	close	546,349	0	23	0	592,125		-	0	1,250,000	1,250,000

整理：吳家揚

　　除此之外，這張保單還有集體匯繳的設計，即使保單買了多年之後，還是可要求業務員辦理，可節省不少保費。

結論

　　以前的保單條件比現在好很多，不要亂解約，有買到都賺到。

CH13.
不可不知解約金這張表

　　商業保單條款閱讀三大重點：名詞定義、保險範圍和除外責任，其餘的條款每張保單幾乎都大同小異。但有一張表，描述「解約金」，也要好好了解一下。當保單繳不出錢時，不外乎解約、減額或展期，但都不划算。或許年繳變季繳或月繳，一樣不划算，保費會貴許多。買保單時，也不要隨業務員起舞，老是看哪一年解約比較划算，吃虧的只是自己而已。

如何評價儲蓄險保單

　　20 多年前或更早以前，台灣市場所販售的儲蓄險保單，多數設計為「生死合險型」的壽險保單，以生存還本金為主流，預定利率至少 6%。意思是「繳費期間死亡，會有固定一筆死亡金（壽險）給付，會遠大於總繳保費。而活著的期間，固定時間會有一筆還本金（生存）入帳，一直到身故或保單時間終止」。從保戶消費者的立場來看，那真是美好的年代。我常幫別人看保單和資產配置，但有些人的優質保單被「舌粲蓮花」的業務員導向解約，再向他們購買新的保單，自己真是虧大了。

　　隨著利率持續降低，10 多年前，壽險保單就有「純儲蓄險」的設計，意思是死亡壽險給付不見了，保單值多少錢，取決於預定利率和所繳保費。所以這種保單很容易算出 IRR，可以和銀行定存利率或通膨率 PK。

　　你可以自己計算保單每一年度的解約報酬率：等於「累積

領回」加上「年度末解約金」除以「當年度總繳保費」。而年報酬率：等於「本期年度末生存、期滿保證金」加上「本期年度末解約金」減去「上期年度末解約金」，再除以「上期年度末解約金」。這雖然不是標準的內部報酬率（IRR）算法，簡單且容易明瞭，但結果相近。這種算法只適合於「純儲蓄險」，而生死合險可以當參考互相比較，其他險種就不適用。

以我自己在民國 91 年買的 XX 人壽終身壽險丙型 W3K 為例，民國 106 年才還本。20 年繳費期滿之後，年報酬率「才開始」有 3.98%，就接近預定利率 4%。

表 13-1 W3K 理賠項目和金額

	理賠項目 / 險種	XX 人壽 / 終身壽險丙型 (20W3K)
1	祝壽金	95 歲，30 萬（契約終止）
2	生存金	36,000 元（每 2 年）
3	身故	30 萬或表定（擇優）
4	全殘	30 萬或表定（擇優）
5	豁免保費	免繳條件（2 級殘 / 3 級殘），保單依然有效
6	保單紅利	Yes（預定利率 4%，預定死亡率 90%）
7	生存需求（批註）	15 萬（展期或停效不適用）
8	保險金額增加申請	1. 本契約每週年或第 5 週年或每屆滿 5 週年 2. 被保險人結婚或子女出生後第一本契約週年 3. 每次可增加原保額 25%
9	契約轉換權	Yes

整理：吳家揚

表 13-2 W3K 解約金、減額繳清和展期保險表

年度	保費 (yearly)	保費 (totally)	累積 領回	保單 年度	年度末生 存、期滿 保證金	年度末 解約金	年度末 減額繳 清保額	展期保 險展期 年限	展期生存 保險金	自然 身故	意外 身故	解約報酬 率(不含利 息和通膨)	反推年報 酬率(不含 利息和通膨)
2009	25,007	200,056	96,000	8	24,000	78,520	56,320			200,000	200,000	87.24%	
2010	25,007	225,063	96,000	9	0	105,020	71,280			200,000	200,000	89.32%	33.75%
2011	25,007	250,070	120,000	10	24,000	108,620	76,800			200,000	200,000	91.42%	26.28%
2012	57,783	307,853	120,000	11	富邦集體 匯繳	168,325	114,275		第一次 加碼	250,000	250,000	93.66%	54.97%
2013	30,944	338,797	150,000	12	30,000	172,300	121,825			250,000	250,000	95.13%	20.18%
2014	30,944	369,741	150,000	13	0	206,425	140,100			250,000	250,000	96.40%	19.81%
2015	30,944	400,685	180,000	14	30,000	212,100	149,875			250,000	250,000	97.86%	17.28%
2016	30,944	431,629	180,000	15	0	248,025	168,200			285,400	285,400	99.17%	16.94%
2017	86,674	518,303	216,000	16	36,000	306,480	216,420		第二次 加碼	342,480	342,480	100.81%	38.08%
2018	37,132	555,435	216,000	17	0	351,630	238,440			351,630	351,630	102.20%	14.73%
2019	37,132	592,567	252,000	18	36,000	362,610	256,260			398,610	398,610	103.72%	13.36%
2020	37,132	629,699	252,000	19	0	409,980	278,490			409,980	409,980	105.13%	13.06%
2021	37,132	666,831	288,000	20	36,000	423,240	300,000			459,240	459,240	106.66%	12.02%
2022	close	666,831	288,000	21	0	440,100	0			440,100	440,100	109.19%	3.98%

整理：吳家揚

了解保單的預定利率及宣告利率

預定利率跟宣告利率像銀行「固定利率」跟「機動利率」的概念。預定利率就是固定利率，無論市場利率如何波動，契約成立時利率就固定了。除了儲蓄險之外的險種，都是預定利率，也是保單精算的變數之一。

近幾年的儲蓄險保單多半有宣告利率的設計，保險公司官網每個月會公告保單的宣告利率。宣告利率就是機動利率，會隨著市場利率波動，一般而言，對保戶比較有利。

保單零利率的時代來臨了

民國 109 年是動盪的一年，武漢肺炎和油價暴跌，造成全世界央行降息和印鈔票來救市。台灣狀況比較特殊，除了降息的因素之外，還多一個民國 115 年元旦台灣保險業要接軌

IFRS17 報公報的衝擊。

　　金管會保險局為確保壽險業者穩健經營，並使新契約之準備金負債能適時反映市場利率，已研議完成民國 109 年 7 月 1 日起適用之壽險業新台幣、美元、澳幣、歐元及人民幣等幣別的新契約責任準備金適用之利率調整案，將循程序發布。摘錄部分資料如表 13-3 所示。

表 13-3 109 年度下半年壽險業各幣別保單適用之新契約「責任準備金利率表」

	繳費期間 6 年（含）以上保單適用之責任準備金利率（J）			
負債存續期間（D）	D<=6	6<D<=10	10<D<20	D>=20
新台幣	0.75 %	1.00 %	1.25%	1.50%
美元	1.00 %	1.25 %	1.50%	1.75 %
	繳費期間 4 年及 5 年保單適用之責任準備金利率（J - 0.25 %）			
負債存續期間（D）	D<=6	6<D<=10	10<D<20	D>=20
新台幣	0.50%	0.75 %	1.00 %	1.25%
美元	0.75 %	1.00 %	1.25 %	1.50%
	繳費期間 3 年（含）以下保單適用之責任準備金利率（J - 0.75 %）			
負債存續期間（D）	D<=6	6<D<=10	10<D<20	D>=20
新台幣	0.00%	0.25 %	0.50 %	0.75 %
美元	0.25 %	0.50 %	0.75 %	1.00 %

資料來源：金管會保險局➔公告資訊➔新聞稿與即時新聞澄清➔新聞稿➔109年度下半年壽險業各幣別保單適用之新契約「責任準備金利率表」（https://www.ib.gov.tw/ch/home.jsp?id=239&parentpath=0,2,238&mcustomize=news_view.jsp&dataserno=202005120001&dtable=News）

製表：吳家揚

責任準備金利率表，是保單預定利率的重要參考指標。保單的預定利率越低，保費越高。保單竟然比銀行更早來到零利率！保單就是變貴了。你不會花錢去買一個零利率的金融商品，除非現在是負利率的時代。保險公司也無利可圖，當然也不會出這種保單。這是政策性作為，也是為了民國 115 年 1 月 1 日接軌國際 IFRS17 號公報的手段之一，限制短期儲蓄險銷售量。既然短年期的台幣儲蓄險保單沒搞頭，如果是保守型或不會投資的人，只好買一些「利率變動型」保單。利變型保單的好處是，最差的情況就是宣告利率等於預定利率，有預定利率的保護；而當市場利率提高時，保單的利率有機會隨之提高。民國 109 年 3 月武漢肺炎大爆發後，美國無限制 QE，造成美元大貶、台幣大升。儲蓄險保單現在以「美元利變型」為首選。

　　目前市面上的儲蓄險，分別有「還本型終身壽險」、「增額型終身壽險」、「還本利率變動型終身壽險」、「增額利率變動型終身壽險」等四大類。現在是低利的時代，儲蓄險若沒有打算持有 10 年以上，投報率甚至低於定存，那直接定存就好了。儲蓄險是基本保障和加強保障都投保了之後，再來考慮的險種。最推薦的是「美元增額利率變動型終身壽險」，最好能持有 20 年以上，到時可以考慮部分解約來當養老金。

要有能力處理保險問題

自己應該要有能力看懂社會保險和商業保險，為自己和家人謀取最大的保險利益。

商業保險是以風險保障為基礎，然後再考慮退休規劃和財富傳承。保險在於集合眾人的小錢，彙整成大錢，幫助有投保且符合理賠條件的人。保險的目的在於填補損害，而非詐保或賺錢。

商業保險的五大功能

❶ 保障未來：保單主要以保障為目的，現在健康有財務能力的自己，透過保單照顧未來沒能力的自己或家人。

❷ 控制功能：保單是要保人的財產，要保人可以自由控制自己的錢給指定的受益人。好處是不需要納入遺產總額計算，且不受特留分之影響。

❸ 理財工具：保單商品多元化之後，保單有壽險、儲蓄等功能，投資型商品和年金險這幾年大賣，尤其是月配息的高收債更受歡迎。

❹ 累積財富：保單增值可累積財富。醫療和長期看護的理賠金，可以避免財富減少。

❺ 稅務規劃：透過保單可讓財富和平移轉給下一代，可合法節省稅金。當然並非所有保單在任何情況下都可免稅，要適當安排「保單險種和保額、要保人和受益人、投資標的、保單

購買日期」，可以儘量免除「保單實質課稅」的困擾。

功能 1 和社會保險有很好的互補性，功能 2～5 是社會保險所欠缺的。淨資產沒有百萬美金的有錢人，可能用不到功能 5，但我們在做保險規劃時，功能 1、2 和 3 是絕對必要，而功能 4 是要列入考量的。

檢視保單時機

表 14-1 檢視保單的時機及項目

檢視保單時機	項目 1	項目 2	項目 3	項目 4	項目 5	項目 6
每年經常性檢查	保單體檢					
人生責任改變時	買房時	子女教育經費增加時	大筆支出時	結婚離婚時		
變更保單內容時	要保人變更	受益人變更	地址	電話	電郵	職業
有增加保險需求時	增加項目	增加金額				
保費繳不出時	減額繳清	保單借款	展期定期	解約		
有理賠需求時	生病時	住院時	要注意除外責任			
理財規劃	退休規劃	遺產規劃	贈與規劃	所得規劃		

整理：吳家揚

常見保險種類和主要給付項目

❶ 壽險：死亡給付和失能給付。→留愛給家人，防止生活被改變。

❷ 意外險：意外死亡、意外失能、住院、門診和骨折。→無法預知的意外和傷害風險，彌補健保不足。

❸ 實支實付：病房費、手術費和雜費（含自費項目）。→醫療費用補償，彌補健保不足。

❹ 醫療險：病房費和手術費。→薪資補償和看護費，彌補健保不足。

❺ 手術險：手術費。→彌補手術支出，彌補健保不足。

❻ 癌症險：罹癌金、癌症住院、化療、放療、門診和手術。→罹癌後要長期抗戰，彌補健保不足。

❼ 重大疾病險：七大重大疾病為心肌梗塞、冠狀動脈繞道手術、腦中風、慢性腎衰竭（尿毒症）、癌症、癱瘓、重大器官移植手術。→第一時間一次性理賠，彌補健保不足。

❽ 特定傷病險：特定傷病。→一次性理賠或多次性給付，彌補健保不足。

❾ 失能扶助險：失能扶助金和失能一次金。→病後長期照顧，彌補勞保失能給付和國保身心障礙年金給付的不足。

❿ 豁免：不用再繳保費。→保費保險公司繳，但算成自己繳的。

⓫ 投資型壽險：在特定時間內，拉高壽險額度。→高壽險保額，對中年人有家庭經濟壓力的人有吸引力。

⓬ 投資型年金險：以投資和儲蓄為目的。→養老規劃。

⓭ 儲蓄險：以儲蓄為目的。→對保守型或不會投資的人，有吸引力。

⓮ 年金險：以投資和儲蓄為目的。→養老規劃。

整理自己的保單

依自己的需求，將保單條款改寫為自己看得懂的白話文，最後來個保單缺口總彙整和提醒。

表 14-2 保障缺口總表

壽險 only（不含團險和產險）	本人	配偶	子女	丈母娘	社會保險
年金險	Yes (VABT)	No	No	No	老年給付（勞保和國保）
投資型保單	Yes	Yes	Yes	No	No
失能險	No	No	No	No	失能給付（勞保和國保）
儲蓄險	Yes	Yes	Yes（台＋美）	No	失能給付（勞保和國保）
重大疾病	Yes	Yes	Yes	No	勞工退休金（勞基法和勞退）
長期看護（類長看或殘扶）	Yes	Yes	Yes	No	勞保傷病醫療給付和健保
壽險	Yes	Yes	Yes	Yes	（社會救助，長照 2.0）
全殘扶助金	Yes	Yes	Yes	No	死亡給付（勞保和國保）
無理賠回饋	Yes	Yes	Yes	No	No
癌症（安寧）	No	No	Yes	No	勞保傷病醫療給付和健保
終身癌症（化療）	Yes	Yes	Yes	Yes	勞保傷病醫療給付和健保
終身癌症（放療）	Yes	Yes	Yes	Yes	勞保傷病醫療給付和健保
癌症手術	Yes	Yes	Yes	No	勞保傷病醫療給付和健保
終身癌症	Yes	Yes	Yes	Yes	勞保傷病醫療給付和健保
意外實支實付	No	Yes	Yes	No	勞保傷病醫療給付和健保
意外住院醫療	No	Yes	No	No	勞保傷病醫療給付和健保
意外死亡險	No	Yes	No	No	勞保傷病醫療給付和健保
手術險	Yes	Yes	Yes	No	勞保傷病醫療給付和健保
住院醫療	Yes	Yes	Yes	No	勞保傷病醫療給付和健保
實支實付	Yes	Yes	Yes	Yes	勞保傷病醫療給付和健保

整理：吳家揚

當記錄完後，你就會知道自己缺什麼保單，家人的風險在哪裡。這個表格還有欠缺的部分，我用產險和團險來補足。有

時難免眼花打錯字，萬一出事需要理賠時，要回頭看保單的條款。由保險公司幫忙負擔部分或全部的財務問題，才不會侵蝕你一輩子辛苦所存的積蓄。丈母娘的商業保險少，主因是年紀太大，已超過承保範圍或保費貴到買不起，不幸出事時，還是要靠社會保險或社會救助和自費。我媽媽完全沒有商業保險，所以我就是她的保險公司，很無奈。

我也會順便將社會保險的部分一起列入當參考，再次強調，商業保險是加強社會保險不足的部分，兩種保險是分開且各自獨立的。社會保險中未能給付或職業災害認定時間可能會很久，中間的空檔可能讓你沒有任何收入來源，或給付金額很少，財務上沒辦法支撐很久。由於每個人的認知不同，保費編列的預算也不同，這方面視個人財務能力和需求而定。如有保險功能 2～5 的需求，請自行加保商業保險。

商業保單理賠有爭議時，該怎麼辦？

❶ 意外傷害事故：係指非由疾病引起之外來突發事故。常見的中暑屬於意外；潛水夫病、高山症、颱風天海邊戲水溺斃、在禁止戲水的區域溺斃、颱風天登山死亡、逆向行駛車禍死亡等等，都屬於意外，意外險都要賠。除非被發現有輕生念頭和遺書，或是保單除外責任。而當身體有疾病例如三高，到底是疾病導致意外死亡或單純意外死亡，意外死亡的認定可能就比較麻煩，這也是造成爭議的主要原因。

❷ 缺文件：例如重大疾病險（XPDL）中的心肌梗塞：指因冠狀動脈阻塞而導致部分心肌壞死，其診斷必須同時具備下列三條件：1）典型之胸痛症狀。2）最近心電圖的異常變化，顯示有心肌梗塞者。3）心肌酶之異常增高。受益人申領「重大疾病保險金」或「生命末期保險金」時，應檢具下列文件：1）保險單、保險金申請書。2）診斷證明書，接受外科

手術者，應詳載手術名稱、部位及方式。3）相關檢驗或病理切片報告。以前看過一則新聞報導，說保戶因緊急開刀缺少相關檢驗或病理切片報告，文件不齊，保險公司拒賠，最後透過法律途徑來解決。

❸ 保險公司理賠比承保嚴格，所以收保費的時候很快，理賠就慢慢來？其實這是誤解。保險公司不是慈善事業，是高度被監管的行業，一切要按規定來。理賠時怕各說各話沒交集，如果有遇到理賠和保險公司有爭議時，以條款有利於自己的方面解釋，來爭取自己的權益。基本上，只要說得通又合理，現在的法官判決會比較偏向保戶。可以先和保險公司溝通，溝通無效後再找金融消費評議中心（https://www.foi.org.tw/Article.aspx?Lang=1&Arti=1886&Role=1）。再不行，只好透過法律途徑來解決。

❹ 有個網址也很重要，司法院法學資料檢索系統→裁判書查詢（https://law.judicial.gov.tw/FJUD/default.aspx），輸入關鍵字，可查到一些相關判決。

舉例 01

Q：癌症死亡但缺切片報告，文件不齊，保險公司拒絕理賠，但法院宣判要賠。

A：按保險契約之解釋，應探求契約當事人之真意，不得拘泥於所用之文字；如有疑義時，以作有利於被保險人之解釋為原則，保險法第 54 條第 2 項定有明文。綜上諸點，奇美醫院與成大醫院醫師對於罹患胃癌之判斷，既有上消化道鋇劑攝影之檢查為憑，且該檢查具有相當之可信度，本院認定已足採為認定事實之依據。被告猶執前詞抗辯須以病理組織檢查作為唯一判準，均非可取，原告之父罹患胃癌，已堪認定。（資料來源：司法院法學資料檢索系統→裁判書查詢→台灣台南地方法院 92 年保險字第 12 號民事判決，http://law.judicial.gov.too/FJUD/default.aspx）

延伸閱讀

勞工保險爭議事項審議辦法，由中央主管機關擬訂，報請行政院核定之。（勞保第 5 條）

勞動部設有爭議審議救濟制度，若勞工對勞保或就業保險的核定事項不服，可填申請書，經由勞保局向勞動部勞工保險爭議審議委員會提起爭議審議。

第四部：
商業保險投保實務

CH15.
保單投保實務

　　購買商業保險要注意的事項，無論主約或附約都一樣，要看得懂保單條款的意義，了解自己的權利義務。許多人因為忽略或不了解附約的重要性，或是不知道如何選擇更好的附約，錯失善用主附約的搭配，讓保障達到最優化的效益，或是沒有注意到新舊保單之間保費的差異，損失掉享受舊福利的機會。

　　因為不了解，所以無法做出更好的選擇，以至於被不肖的保險業務員牽著鼻子走。業務員是公司與客戶溝通的橋樑，選擇好的保險公司和優質顧問（CFP），可避免買到地雷產品，達到好的保障。認證理財規劃顧問會適時提醒你何時該做哪些事，增加自己的權益。

　　國際認證高級理財規劃顧問（CFP）是金融界世界上公認三張頂級證照的其中一張。要學習六大模組課程：M1 基礎理財規劃、M2 風險管理與保險規劃、M3 員工福利與退休金規劃、M4 投資規劃、M5 租稅與財產移轉規劃和 M6 全方位理財規劃。截至民國 108 年底，台灣有 1,836 個持證人，全球 26 個（有錢的）國家共有 188,104 個持證人。CFP 每 2 年換證一次，每次都需要在職進修一定的時數且不能犯罪，才能續證。

　　保險最原始的功能就是集合健康的人的小錢，聚少成多，去幫助生病或不幸的人所需要的大錢，它具備很大的財務槓桿。但保險公司為避免「逆選擇效應」拖垮財務，會設置各式防範門檻。

「逆選擇效應」是在「事前」（契約簽訂或交易完成前）因交易雙方握有不同程度之資訊而存在資訊不對稱，資訊相對缺乏之一方為避免因資訊缺乏而受損害下，反而作出損害自身之選擇。在保險市場上，想要為某一特定損失投保的人，實際上是最有可能受到損失的人。因此，保險公司的賠償概率將會超過公司根據大數法則統計的總體損失發生費率，這就是保險公司的逆向選擇，也是劣幣驅逐良幣的現象。

　　看不懂「逆選擇效應」沒關係，那是保險公司的事。投保時我們要主動告知身體狀況、病史、職業，高額保單還需要財務告知等注意事項。如果沒有誠實告知，最後一定會衍生出理賠糾紛。理賠時也一定要符合理賠條件，具備所有申請文件，缺一不可，否則也容易有理賠糾紛。許多理賠有爭議，都是要保書填寫時沒有誠實告知。因為詐騙事件層出不窮，保險理賠通常比核保嚴格許多。

　　關於保單的關鍵問題一定要親身弄懂，不能一昧盡信業務員的說法。購買保險應該要注意的事：

主約失效部分附約仍有效

　　許多保單設計為主約失效，附約隨之失效，保戶通常知道此原則，但要特別提醒的是，早期有些保單附約有「附約的繼續」條款，意思是「主契約因保險事故發生而終止且本附約被保險人仍生存者，如要保人繼續繳交本附約續期保險費者，本公司仍負本附約之保險責任」。每張保單的名稱或字眼或許不同，被保險人的權利是在的。例如，以父母當被保險人的終身壽險，子女附約加於同一張保單之下，當父母親去世後主約會失效，但只要子女繼續繳保費，附約依然有效。

主約和附約投保有一定原則

同樣的保障內容，附約較主約保費便宜許多，但可保額會較少。通常主約貴而附約便宜，保險公司精算後為規避財務風險，設計主約與附約有比例原則，且主約和附約不一定可以搭售，只願意賣限定的比例或特別的險種。

保單主約一定額度以上，在限定險種之下才能買到限額附約。以投保 XX 人壽照護終身健康保險附約為例：主約的保額 50 萬元以上卻只能購買上限 5 萬的附約，投保主約須同時符合現行的投保規則及核保規定。亦即，如保戶的健康保險需求大於 5 萬元，除購買附約外，則需額外再購買主約。各保險公司每張保單規定不盡相同，但規範類似。

這是保險公司的內規，業務員不會告訴你，但這不重要。如果你買的額度超過核保規定，你會收到照會單，到時再來修改內容即可。

內容一樣但保額不同

有些險種有主約和附約，條款內容一模一樣。例如特定傷病險（XX 人壽照護終身健康保險），也有主約和附約之分。有些定期險和終身險，條款內容一模一樣，但保額上限也不一定相等。主約貴，附約便宜。投保前，應仔細研讀相關 DM 和條款。

實支實付附約，一定要買好買滿

實支實付，相對保費低但保障高，號稱「保險中的保險」，是一定要購買的。它的功用可以彌補部分「住院日額」、「手術險」或「癌症險標靶藥」，健保不給付的自費醫療費用。但實支實付有理賠上限，經濟條件好的人，應該一次

買到足額。

據金管會保險局與壽險公會研議「實支實付型醫療保險（含傷害醫療）副本理賠之控管措施」，宣布從民國 108 年 11 月 8 日起，民眾最多只能購買 3 張實支實付保單（1 張正本理賠、2 張副本理賠）。其中，醫療險和意外傷害險可以分開計算，保障絕對夠，且已經擁有 3 張以上實支實付醫療險的民眾並不會受到影響。

目前大型保險公司規定，實支實付理賠時要正本收據，部分中小型保險公司的實支實付可以用副本收據理賠。如果無足夠的錢買足保障，先購買大公司的實支實付，再加買中型公司的實支實付，以達到 2 實支實付或 3 實支實付是可行的方法。但購買前，請先確定正本理賠或副本理賠，以免無法同時理賠。

未成年子女附約附加在父母主約下，可節省保費

一張主約下可加全家人的附約，好處是可以加強家人的保障。如果未成年子女或配偶只需要附約保障，因為少掉許多主約的成本，總保費可節省不少。但業務員多半會慫恿保戶購買新主約，因為保戶只加買附約，業務員佣金有時連付車資都不夠。

家庭式保單的缺點是，大家都綁在一起，萬一將來有變故或分居，需要相對應的人簽名時，這張保單處理起來就很麻煩。此外，有些附約只允許子女投保到 23 歲，所以要注意保額限制和其他注意事項。

先購基本額度，再分階段投保

附約不同險種有不同的限制條件，有些附約險種只限主契

約被保險人附加；有些會依職業分類表，壽險或傷害險不承保之職業亦不承保；有些核保審核為次標準體時，將評估是否承保。

此外，年紀、保額、總限額和險種，投保時都有規範。不管是主約或附約，保險公司會根據險種給一個乘數，當累加總保額達到一個基數以上時，會被要求體檢。某些險種在 50 歲以下不用體檢，50 歲以上隨著「年紀」和「總基數」而調整體檢項目。對身體不佳但想要買保障者，體檢會是一種「考驗」，結果可能是除外、加費，甚至拒保。此族群者可先購買基本額度，再分階段投保。

善用舊保單附約的權利

以前的保險附約，有些有可申請變更的項目，如保險金額的增加、險種轉換、繳費年期變更、減額繳清保險、展期定期保險、保單借款、保單紅利，現在則是「主約」才有這些項目。因為最近幾年預定利率愈來越低，保單越賣越貴，以前附約的「福利」就被砍掉了。當你的保單條款還可以看見這些名目時，千萬不要客氣。

以 XX 人壽重大疾病終身保險附約為例：投保時被保險人是標準體，所增加之保險金額未超過原始訂約時之保險金額的 20%者，無須檢具健康聲明書且免體檢。1.於本附約第 5 週年日或嗣後屆滿 5 週年時。2.被保險人結婚或其子女出生後之第 1 個本附約週年日。其增加保險金額之保險費仍按被保險人原投保年齡計算之，但應補交已經過年度的保單價值準備金。所以，保戶應注意增額的申請，不要放棄此權益。

以前的保單預定利率高，保費低，便宜又大碗，即使後來生病無法投保新保單，也可以善用這條款增加自己的保障，少

許保費卻可大幅增加保障。

善用更約權

以前保單便宜，如果保戶確定無法滿足現在的需求，可以善用「更約權」，補差額將主約或附約變更到所需的險種。相關規定，例如要保人在本附約週年日，不需檢附被保險人健康聲明書且免體檢，得申請將本附約變更為其他種類個人人壽保險契約，更約時，其費率仍依被保險人原投保年齡計算，但變更前後兩險種間有解約金差額時，要保人或本公司應就差額補繳或退還。每張保單規定可能不同，要詳看條款。

保單紅利

保單紅利，要保人可選擇下列四種方式中的一種給付：現金給付、購買增額繳清保險、抵繳應繳保險費、儲存生息。這四種方式以「購買增額繳清保險」對保戶最有利。

2 年內的理賠案件會嚴格審核

2 年內的理賠案件，金額不論大小，保險公司通常會調病歷詳查，除非很明顯的疾病或意外，和之前的體況毫無關係，否則一定會查得很清楚再理賠，甚至要你多填幾次調閱病歷的授權書，公司就算多付你 10% 利息也可以。

自始無效

如果被查到沒有誠實告知，承保時間還在 2 年內的保單，保險公司可能認定保單「自始無效」，直接解除契約且所繳保費也不會退還。若保單生效日期超過 2 年，保險公司雖然不能直接解除契約，但相關疾病也不會理賠，這是要保人和被保險人要知道的事。保單條款中不會出現，但這是保險法第 64 條的

條文。

醫療險應以治療理賠為主

例如癌症險投保原則，應以「治療」理賠為主。放療和化療一定要有，開刀、住院和門診也一定要有。重症照護或安寧，最好要有。若包含死亡給付的癌症險，保費就貴許多。死亡給付應列入壽險保障範圍，比較恰當。

保額有上限

每張保單都有保額上限，每家公司類似險種累計也有上限。所有保險公司加總，也有上限，自己和家人若是罹癌或某特定遺傳疾病的高危險群，最好在不同公司買足保障。

保險安定基金

自民國 100 年 1 月 1 日起，每一存款人在國內同一家要保機構之存款本金及利息，合計受到最高保額新台幣 300 萬元之保障。保險也有類似的保障機制：為保障被保險人之基本權益，並維護金融之安定，財產保險業及人身保險業應分別提撥資金，設置財團法人安定基金（保險法第 143-1 條）。

Q：現行法律保障權益最高只到 300 萬元，保戶要懂得精挑保單和保險公司，避免權益受損。萬一遇到承保公司倒閉，會變成怎麼樣？

A：志明在壽險公司倒閉期間意外死亡，原本可請領 500 萬元身故給付（壽險 300 萬加傷害險 200 萬），但依保險安定基金規定，身故給付為「得請求金額」的 90%，並以 300 萬元為限，因此志明的家人只能獲得安定基金 300 萬元給付。

另規定，年金險（含壽險生存給付部分）每一被保險人所有契約為可請求金額的 90%，但每年最高以 20 萬元為限。因此，如果志明開始領年金與生存還本金，合計可年領 36 萬元，萬一壽險公司倒閉，雖然還能繼續領取，但每年僅能領到 20 萬元。

資料來源：保險安定基金→法令規章→作業要點→財團法人保險安定基金對人身保險業動用範圍及限額規定（http://www.tigf.org.tw/content/law/law02.aspx）

不要亂解約舊保單

以前保單主約與附約都非常便宜，千萬不要被自己或不肖業務員解約。保險不容易一次買足，因為要花大量的錢，而且內容不斷地推陳出新。例如「保證型」的失能扶助險，20 年前是沒有的，如有長期看護需求，要用新出的保單來加強。

15-1 健保自費項目該如何加強？

你有本錢生病嗎？

在台灣許多人以為健保包山包海，有健保就妥當了。但實情是健保明文不給付的項目逐漸增加，在診斷關聯群（DRGs）逐步導入後，醫療自費項目越來越多，自費金額越來越大。又或醫療技術日新月異，有些項目不在舊有的醫療保險承保範圍內而不自知。人一旦生病，需要考量的不只是直接的醫療費用，還有因為生病而額外產生的開銷，以及因病而減少的收入。這些被忽略了，醫療費用會成為資金缺口，在財務規劃上不得不謹慎因應。

在醫療費用上，與健保相關部分常弄不清楚健保給付、部分負擔以及不給付項目。健保自費項目主要根據健保第 45、47、51、52 和 53 條，詳見 CH4. 4-1。到衛生福利部中央健康保險署官網，也可以查到常見就醫自費項目和尚未納入給付特材品項表。（參考資料：衛生福利部中央健康保險署→健保服務→健保醫療費用→就醫費用與退費→就醫費用項目→常見就醫自費項目 https://www.nhi.gov.tw/Content_List.aspx?n=80BC9D0DD7FF1FBB&topn=5FE8C9FEAE863B46）

健保不給付部分，個人要自立自強

民眾就醫需要自費的情況，可能有三種：

❶ 健保有給付，但是不符合給付條件，例如癌症標靶藥物治療很常見。假設有藥效較佳的癌症三期用藥，目前病程在二期，想要用該項藥物，提早運用資源可能需要自費或補差額。

❷ 健保沒有給付，需要自費差額或全額自費，例如人工關節、心臟支架、人工水晶體等等，或新型態處置。這些自費材料、處置和標靶藥都不便宜。

❸ 自費體檢或不以健保身分就醫。

　　保險理賠是依保單條款來申請理賠，保單條款一定要注意。以手術險來說，外科手術分為「住院手術」、「門診手術」，前者是指需要住院開刀手術，門診手術則不需要住院。許多人以為自己有買手術險，手術一定會理賠，申請理賠時才發現不是這麼一回事而衍生糾紛。手術的定義：「麻醉、開刀和縫合」，3 項中至少有 2 項。

　　手術險保單要拿出來看清楚，是否含有治療處置（依據為全民健康保險醫療服務給付項目及支付標準第 2 部第 2 章第 6 節）、門診手術等。有些早期手術險保單，「手術且住院」兩條件成立才理賠，現在許多手術為門診手術或處置，早期保單可能就沒辦法理賠。

保險投保策略

　　完整的醫療照護應該要有健保和商業保險。運用商業保險提升醫療品質，最好有含門診和處置也會理賠的保單，保障範圍比較大。

❶ 實支實付附約：除門診手術外，理賠的要件是「住院」。它可以彌補部分健保不給付的自費醫療費用，例如指定醫師費、醫師指示用藥、血液、掛號費及證明文件、來往醫院之救護車費、特別護士以外之護理費、醫師診察費等等。實支實付有理賠上限，經濟條件好的人應該買到足額。

❷ 新型態手術醫療險：現在醫藥越來越發達，治療的方式也日

新月異，很多疾病現在都不需要住院就可以治療，如常見的結石移除或盲腸割除，以前需要開刀住院，所以手術險會理賠。但現在門診手術或處置即可處理，因此不在住院手術險的保單理賠範疇，無法辦理保險理賠，除非用傳統方式住院開刀才賠。

新型態的手術醫療險涵蓋的範疇較廣，以我自己購買的 XX 人壽守護人生終身健康保險為例，手術包含 1,418 項和 18 項特定處置項目，例如：「心導管檢查合併支架置放術」、「心導管檢查合併冠狀動脈攝影」、「三度空間立體定位 X 光刀照射治療或電腦刀、海扶刀、光子刀立體定位放射手術」等 18 項。不論是住院手術或門診手術或處置都有理賠。若該手術不屬「全民健康保險醫療費用支付標準第 2 部第 2 章第 7 節」所列舉之手術者，保險公司也不賠。該手術定義標準與健保署同步，詳細項目請查健保署網站所列項目。住院但不包含全民健康保險法第 51 條所稱之日間住院及精神衛生法第 35 條所稱之日間留院。

❸ 失能扶助險：面對高齡化和少子化、重大傷病比率增加趨勢，因應萬一需要被長期看護之龐大費用。雖然政府正在規劃長照保險，但是財源有限，以照顧中低收入戶為主，而且以提供服務和實物給付為主。當生病或住院時有健保資源可以用，但出院後健保無法幫上忙時，失能扶助險有其必要。失能扶助險可彌補勞保失能給付和國保身心障礙年金給付的不足。

❹ 增加一次性給付型醫療險：例如重大疾病險或特定傷病險。支應生病期間龐大的醫療費用和家庭開銷。此外，健保部分負擔所需的費用和生病期間無薪資收入對生活所產生的影響，也不可忽視。

❺ 意外險：便宜又大碗。許多民眾骨折後喜歡去國術館接骨和復健。這裡提醒，國術館非正式醫療機構，若是從頭到尾只在國術館治療，保險公司不會賠。如果真的要去國術館復健，至少要先去醫院開立診斷證明和拍攝 X 光片，然後再到國術館復健。保險公司依照民眾習慣，通常會融通處理，這樣才會賠國術館的部分。

❻ 癌症險：隨著癌症變成慢性病第一名，癌症險也不可少。

常見需要額外自付費用項目

❶ 病房費差額：健保病床嚴重不足，醫學中心等級的非健保病房須補病房費差額。以台大醫院為例，差額為 1,600～8,000元。→住院日額或實支實付。

❷ 血液費：以賣一袋 500CC 的血液來說，行情價至少 3,000元。如需要輸血，醫院會依照健保標準來收費。→實支實付。

❸ 特殊診療費：例如「腦部斷層掃描費用」，每次索費 6,000～30,000 元。→實支實付。

❹ 救護車費用：新北市政府基本收費 700 元，超過 5 公里，每公里收費 20 元，隨車醫療人員另計。→實支實付。

❺ 醫學輔助器材：例如心臟導管支架每支 6～10 萬元。→實支實付或手術險。

❻ 指定用藥癌症標靶藥：自費每年數十萬元到上百萬元。標靶藥視情況而定，健保有條件給付。→實支實付或重大疾病或癌症險。

❼ 新型態治療法：例如冷凍治療腫瘤新技術的氬氦刀或達文西

手臂切除攝護腺癌，都需自費 10 萬元以上。→實支實付或重大疾病或癌症險或新型態手術醫療險。

延伸閱讀

❶ 全民健康保險醫療服務給付項目及支付標準第 2 部第 2 章第 6 節（治療處置）和第 7 節（手術）。（參考資料：衛生福利部中央健康保險署→健保服務→健保醫療費用→醫療費用申報與給付→醫療費用支付→全民健康保險醫療服務給付項目及支付標準→支付標準壓縮檔，https://www.nhi.gov.tw/Content_List.aspx?n=58ED9C8D8417D00B）

❷ 病人之精神醫療照護，應視其病情輕重、有無傷害危險等情事，採取之方式如下：1）門診。2）急診。3）全日住院。4）日間留院。5）社區精神復健。6）居家治療。7）其他照護方式。前項居家治療之方式及認定標準，由中央主管機關定之。（精神衛生法第 35 條）

15-2 失能扶助險可彌補勞保失能給付和國保身心障礙年金給付的不足

　　勞保的失能給付，還有國保的身心障礙年金給付，與商業保險的失能扶助險有互補性。勞工失能雖然有勞保失能給付，但勞工相對弱勢，因此在職時，務必為「失能」做準備。萬一失能，具有勞保身分時，可向勞動部勞工保險局申請失能給付。如果失去勞保身分後，不管是屆齡退休，還是被迫退休，都只能靠商業保險。勞保失能給付畢竟有限，保障的缺口可由商業失能扶助險來補足。

雖然民國 109 年 12 月 31 日「保證型失能扶助險」已全面下架，之前買到就賺到，本文還是來說明一下。未來失能的部分，只能靠意外險、特定傷病險或壽險（含 1～3 級失能扶助金）來補強，或許業者會推出新型態的失能扶助險也說不定。

主計總處民國 109 年 8 月 20 日最新統計資料：「2019 年國人平均餘命為 80.9 歲，而民國 107 年不健康的存活年數是 8.4 年。」這個數據反應的是，儘管我們能活更久，但臥床被人照顧的時間也越久。臥床的餘生，這樣的生活品質是你想要的嗎？及早將商業失能保險購足，才不會淪為「下流老人」，更甚者淪為一人病拖垮全家人。

失能絕對不是老年人的權利

民國 108 年身心障礙者將近 119 萬人，而成因主要以「疾病」72 萬 8 千人最多，約占 61.35%，是「意外和交通事故」10萬 3 千人的 7 倍。

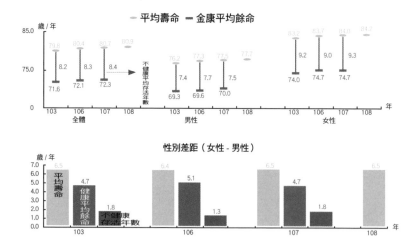

圖 15-2-1 國人平均壽命、健康平均餘命及不健康平均存活年數

資料來源：https://www.dgbas.gov.tw/public/Data/0820155425H1BK10HM.pdf

表 15-2-1 身心障礙者人數統計

年度別	總計	先天	疾病	意外	交通事故	職業傷害	戰爭	其他
107 年 (2018)	1,173,978	153,632	710,751	64,758	41,781	28,494	1,220	173,342
108 年 (2019)	1,186,740	150,695	728,068	62,712	40,793	27,871	1,131	175,470

資料來源：衛生福利部統計處➜衛生福利統計專區➜社會福利統計➜2. 福利服務➜2.3身心障礙者福利https://dep.mohw.gov.tw/DOS/lp-2976-113.html

　　當然，老年人的疾病機率會高出許多，但從這些失能的統計資料，看不出「意外和交通事故」與年紀有太大關係。最有名的失能者王曉民，是台灣第一個受社會廣泛注目的植物人。民國 52 年起（當年是台北第二女中管樂隊指揮），因計程車追撞而成為植物人，躺了 47 年，直到逝世都未清醒，勞民傷財，也拖垮了全家人。

實例說明

　　以我在民國 105 年購買的 XX 人壽安康久久殘廢照護終身壽險 XLJ 為例，說明保單對我的利益。我們已知道保單的三大重點：名詞定義、保險範圍和除外責任。在此則主要針對保險範圍說明如下：

❶【保險範圍：祝壽保險金的給付】

　　被保險人於本契約有效期間內且在保險年齡屆滿 99 歲仍生存者，本公司按年繳保險費總和之 1.07 倍給付「祝壽保險金」後，本契約效力即行終止。→保費有去有回加計 7%利息，返還要保人或受益人。保單只利用保費的投資機會成本，去換取一生的保障。幾乎所有主約保單都是這樣設計的，只是利息多少的問題。

❷【保險範圍：殘廢保險金的給付】

　　被保險人於本契約有效期間內因第 2 條約定的疾病或意外傷害事故，致成附表一所列 1 至 11 級殘廢程度之一者，本契約效力繼續有效，本公司按保險金額的 24 倍乘以附表一所列給付比例計算所得之金額給付「殘廢保險金」。被保險人因同一疾病或意外傷害事故致成附表一所列二項以上殘廢程度時，本公司給付各該項「殘廢保險金」之和，最高以保險金額的 24 倍為限。但不同殘廢項目屬於同一手或同一足時，僅給付一項「殘廢保險金」；若殘廢項目所屬殘廢等級不同時，給付較嚴重項目的「殘廢保險金」。被保險人因本次疾病或意外傷害事故所致之殘廢，如合併以前（含本契約訂立前）的殘廢，可領附表一所列較嚴重項目的「殘廢保險金」者，本公司按較嚴重的項目給付「殘廢保險金」，但以前的殘廢，視同已給付「殘廢保險金」，應扣除之。前項情形，若被保險人扣除以前的殘廢後得領取之保險金低於單獨請領之金額者，不適用合併之約定。被保險人於本契約有效期間內因不同疾病或意外傷害事故申領「殘廢保險金」時，本公司累計給付金額最高以保險金額的 24 倍為限。→失能等級達 1～11 級，就會一次給付保險金。如果失能越來越嚴重，給付金額會提高，但要扣除之前已付之金額。

❸【保險範圍：殘廢生活扶助保險金的給付】

　　被保險人於本契約有效期間內因第二條約定的疾病或意外傷害事故，經醫院醫師診斷確定致成附表一所列一至六級殘廢程度之一者，本公司於殘廢診斷確定日起之每一週月日按確診時之保險金額乘以附表一所列給付比例計算所得之金額給付「殘廢生活扶助保險金」，共給付 180 個月（不 被保險人生存與否）。若被保險人發生殘廢等級加重或因不同事故再次符合

附表一所列 1 至 6 級殘廢程度之一者，上述給付期間不重新計算。前項情形，被保險人得向本公司申請以貼現值一次給付，其計算貼現值之貼現年利率為 2.25%。第一項給付期限屆滿後，被保險人於本契約有效期間內殘廢診斷確定日之各週年日仍生存者，本公司於該週年日起一年內之每一週月日（不論被保險人生存與否），按該週年日當時之保險金額依第一項計算方式給付「殘廢生活扶助保險金」。若被保險人發生殘廢等級加重或因不同事故再次符合附表一所列 1 至 6 級殘廢程度之一者，上述給付期間不重新計算。本契約如有第 8 條第 8 項、第 10 條、第 13 條或第 14 條約定之情形時，倘仍有應給付而未給付之「殘廢生活扶助保險金」，本公司將以貼現值一次給付，其計算貼現值之貼現年利率為 2.25%。第 1 項及第 3 項所稱殘廢診斷確定日之週年日或週月日，係指殘廢診斷確定日起每隔一年或一月的相當日，如該年或該月無相當日者，則以該月最後一日為週年日或週月日。被保險人因同一疾病或意外傷害事故致成附表一所列二項以上 1 至 6 級殘廢程度之一時，本公司給付各該項「殘廢生活扶助保險金」之和，合併各項「殘廢生活扶助保險金」於初次殘廢診斷確定日之每一週月日一同給付，其每月給付金額最高以保險金額為限。但不同殘廢項目屬於同一手或同一足時，僅給付一項「殘廢生活扶助保險金」；若殘廢項目所屬殘廢等級不同時，給付較嚴重項目的「殘廢生活扶助保險金」。被保險人因本次疾病或意外傷害事故所致之殘廢，如合併本契約訂立前的殘廢，可領附表一所列 1 至 6 級較嚴重項目的「殘廢生活扶助保險金」者，本公司按較嚴重的項目給付「殘廢生活扶助保險金」，但以前的殘廢，視同已給付「殘廢生活扶助保險金」，應扣除之。前項情形，若被保險人扣除以前的殘廢後得領取之保險金低於單獨請領之金額者，不適用合併之約定。被保險人於本契約有效期間內因不同疾病或

意外傷害事故致成附表一所列二項以上 1 至 6 級殘廢程度之一時，本公司給付各該項「殘廢生活扶助保險金」之和，合併各項「殘廢生活扶助保險金」於初次殘廢診斷確定日之每一週月日一同給付，其每月給付金額最高以保險金額為限。本公司累計給付「殘廢生活扶助保險金」，最高以保險金額的 600 倍為限。→1～6 級失能，每月會給生活扶助保險金，保證給付 180 個月（15 年），也可以使用 2.25%利率折算現值一次給付。最高理賠金額 600 個月（50 年）。

❹ 【保險範圍：豁免保險費】

被保險人於本契約有效且繳費期間內，致成附表一所列 1 至 6 級殘廢程度之一者，經醫院醫師診斷殘廢確定，本公司豁免殘廢診斷確定日後本契約（不含附約）續期應繳之各期保險費，本契約繼續有效。被保險人本次事故如合併以前（不含本契約訂立前）的殘廢，符合附表一所列 1 至 6 級殘廢程度之一者，亦同。前項情形經本公司同意豁免保險費後，本公司不再受理本契約減額繳清保險之變更申請，且非經被保險人同意，要保人不得終止本契約。→1～6 級失能即豁免保費，保費由保險公司承擔，但算入自己的總繳保費中。

依自己的需求，將保單條款改寫為自己看得懂的白話文。殘扶險（殘障扶助險），現在改名為失扶險（失能扶助險）。

表 15-2-2 XLJ 理賠項目和金額

	理賠項目／險種	XX 人壽／安康久久殘廢照護終身壽險（20XLJ）
1	身故	所繳保費 ×1.07 或保價金取其大
2	全殘	所繳保費 ×1.07 或保價金取其大
3	殘廢金一次領	1~11 級殘：2 萬 ×24× 殘廢等級表（會隨殘廢等級增加而增加）
4	扶助金到身故	1~6 級殘：2 萬元／月 × 殘廢等級表（至少領 180 個月，無論生死。可折現 2.25% 一次請領，但若加重，則無法再增加。最多 600 個月）
5	豁免保費	1~6 級殘
6	所繳保費加息退還或祝壽金	滿 99 歲，所繳保費 ×1.07（契約終止）

整理：吳家揚

　　失能扶助險保費不斷的往上調整或停售，主要因為理賠率越來越高；市場的利率越來越低；年紀越來越大；以及找不到再保公司等等原因。這類型保單條款改很多次，所以停售潮好幾波，每次都造成轟動。每次改款不是漲價，就是給付範圍調整，保單理賠條件也越來越差。XLJ 的失能等級表是根據民國 104 年 8 月 11 日的版本為 11 級 79 項，民國 109 年 1 月 1 日後的保單再修改為 11 級 80 項。失能扶助險利用傷害保險的失能等級表，擴大為疾病或傷害都適用，彌補了商業保險疾病失能扶助險這一塊拼圖。

購買失能保險，要注意什麼事？

　　顧名思義，擔心失能的人應該購買失能保險。在目前健保制度之下，雖然有長照保險，但顯然以「實物給付」為主。失能引起的龐大醫療和照護費用，還是要自己想辦法。

失能保險可分為三大類：

❶ 長期看護險：台灣約 20～30 年前推出，用「巴氏量表」當理賠要件，嚴格來說，購買的人不多。

❷ 特定傷病險（類長期看護險）：台灣約 8～10 年前推出，涵蓋 80%-85%需要長期看護的對象。

❸ 失能扶助險（類長期看護險）：台灣約 6～8 年前推出，涵蓋 100%需要長期看護的對象，只論殘廢等級，不論生病或意外造成。

失能扶助險覆蓋率廣，保費相對便宜，購買時應注意事項：

❶ 住院或開刀，失能扶助險不一定會賠，理賠是依照「失能等級」。

❷ 失能扶助險最好買「每月（或每年）可以理賠 1～6 級失能」和理賠「一次給付 1～11 級失能」的商品。理賠一啟動，嚴重失能時至少會有固定收入來應付長期看護費用。保單上有失能等級的定義，植物人就是 1 級失能。

❸ 失能險「最少」保障原則，每個月理賠至少 4 萬元。保障不夠的人，應逐漸將安全網買足。因為看護費漲價速度驚人，最好要準備每個月 5 萬元以上。不要因為失能保險太貴而下不了手，未來需要看護費時，就算每年要付 50 萬元，還是得拿出來。如果拿不出來，就自己看著辦，是不會有人同情你的，只好找社會救助了。

❹ 失能扶助險可以申請到的失能給付，勞保應該都可以申請失能給付，因為勞保的失能項目有 221 項，遠多於失能扶助險的 80 項。反之，則不一定。自己應該將保單內的失能等級與

項目，和勞保失能給付的等級與項目，列表做比較。

非買不可的失能扶助險

國人十大死因，癌症已經許多年維持在冠軍寶座，而癌症也可能造成失能。但若癌症治療後導致某部位器官功能受損，影響被保險人的工作及活動能力時，就可能屬於勞保和失能扶助險的失能項目。而中風和失智也一樣，都有可能啟動失能扶助險的理賠機制。

舉例來說，頭頸部癌接受外科切除（如舌頭、牙齦、夾黏膜、喉頭聲帶）或放射線治療，而造成項目 5 咀嚼吞嚥及言語機能障害，項目 5-1-1 永久喪失咀嚼、吞嚥或言語之機能者，屬 1 級失能；膀胱癌切除膀胱或接受放射線治療，造成項目 6 膀胱機能障害，項目 6-3-1 膀胱機能完全喪失且無裝置人工膀胱者，屬 3 級失能。

失能保險回歸基本面，有事故就理賠，沒有保證最低理賠倍數，身故保險金就是所繳保費。身故受益人還能領回所繳保費，對購買者只是損失投資機會成本。但千萬不要高估自己，將購買保險的資金挪去投資，期待輕鬆賺到幾百、幾千萬元。通常是幾十年後需要用時，金錢不只沒有長大，而是完全煙消雲散。保費的支出最好是專款專用。

我母親在南部每年 40 萬元的看護費，是民國 109 年南部醫院內附設護理之家 4 人房的行情，雙北市至少 2 倍起跳。10 多年了，對我也是一筆不小的財務負擔。以前無法說服她購買失能保險，現在惡果由我來承擔。如果每個人都能用 40 萬元來買失能扶助險，保障一定非常足夠。或許你現在會說沒錢買保險，但未來不幸遇到了還說沒錢，到時候就真的不知道該怎麼辦了。

「風險」無所不在，現在為自己的未來作準備，才能安心活到老年。該買保險的時候一定要買，千萬不要嫌貴啊。

延伸閱讀

為接軌民國 115 年元旦的 IFRS17 號公報，由於壽險公司失能扶助險保單的「保證」設計過度，理賠率居高不下，且找不到國外再保公司。金管會緊盯這款「賠錢貨」，要壽險公司依缺口增提準備金，以免影響壽險公司未來的清償能力。

民國 109 年 12 月 24 日金管會保險局已正式公告精算簽證作業，要求壽險公司精算人員全面檢視銷售的失能扶助險費率，費率不足的保單要提出費率調整建議，保險局表示，失能扶助險費率必須過關，民國 110 年才能上架銷售。

簽證精算人員應單獨針對長年期失能扶助險有效契約提供再保前及再保後準備金適足性測試結果，並適當表達精算意見。若有不適足者，應提供簽署公司達該準備金適足性標準所需立即增提之準備金金額。檢送主管機關之補強計畫應由簽證精算人員檢視確認，該計畫得考慮再保效果，但須逐再保合約說明及佐證再保之有效性後，再就結果提具分年補足之計畫。（資料來源：金融監督管理委員會保險局→公告資訊→重要公告→109 年度人身保險業精算簽證作業補充說明→109 年度人身保險業精算簽證作業補充說明，https://www.ib.gov.tw/ch/home.jsp?id=35&parentpath=0,2&mcustomize=multimessage_view.jsp&dataserno=202012240001&dtable=Bulletin）

保證型的失能扶助險在民國 109 年 12 月 31 日已經全面下架，但失能扶助險的確有市場需求，應該不會全部消失。壽險公司民國 110 年 1 月以後，可能要重新調整內容和費率後再重新上架。或許保障終身的設計可能改為定期保險；或許每年保

費相同的「平準費率」改成隨年齡增加而增加的「自然費率」。總之，保單的條件會越來越差，保費會越來越貴。

15-3 買投資型壽險保單要知道的事

近幾年因為保單預定利率調降，大多數傳統型保單保費高漲，投資型保單買氣回升。令人捏一把冷汗的是，許多人以為自己買了「投資型保單」卻對實際內容"霧沙沙"，特別提醒大家購買投資型保單之前，一定要弄懂投資型保單的運作原理，才有機會讓荷包順利長大。

投資型保險單的厚度，顯然比一般的保單厚非常多。翻開內頁開始讀條款時，會增加許多和投資有關的定義。裡面充滿了非常複雜的數學公式，如果你看不懂，就不要買。有興趣的讀者，可以參考我的書《從 5000 元開始，以小錢搏大錢》，讓你對投資有些基本的認識。

保險業務員的素質，絕大多數人是沒有能力將保險費用和投資兩件大事解釋清楚的。我民國 93 年購買的投資型保單，在民國 97 年因金融海嘯被業務員惡搞，造成極大的損失，差點鬧上法院。後來自己想辦法搞清楚後，鍥而不捨，前後經過約 4 年的時間，才順利和解，也拿回 90%以上的損失賠償金。

投資型保單可分兩大類：「投資型壽險保險」和「投資型年金保險」，包括變額壽險、變額萬能壽險、投資連結型保險、投資連結型年金和變額年金保險，是一種將保險和投資結合為一的保險商品。投資型保單本質上是一種保險商品，商品設計為「一般帳戶」與「分離帳戶」，兩帳戶獨立運作。

表15-3-1 傳統型保單與投資型保單的區別

	傳統型保單	投資型保單
分類	傳統型壽險保險和年金保險	投資型壽險保險和年金保險
保險保障	固定（缺乏彈性）	可變動（彈性較大）
全殘或身故理賠金	固定	可變動
資金風險	保險公司承擔所有風險（投資風險、死亡風險、費用風險）	保戶承擔投資風險；保險公司承擔死亡風險和費用風險
透明度	低（一般帳戶）	低（一般帳戶）；高（單獨設立分離帳戶）
特色	一般帳戶由保險公司統一操作，暴露在保險公司債權人的求償權之下	分離帳戶就是自己的錢，由保戶自由操作，直接享受投資效益，且不受保險公司債權人的求償權之下
現金價值	固定	隨投資帳戶（分離帳戶）內之價值而定
靈活度	低	高
法律	保險法	保險法、信託法、證券法

製表：吳家揚

表15-3-2 投資型保單的分類

	投資型保單	
分類	投資型壽險保險	投資型年金保險
種類	變額壽險、變額萬能壽險、投資連結型保險	變額年金保險、投資連結型年金

整理：吳家揚

一般帳戶適用一般傳統保單，由保險公司統一操作，保證對保戶的承諾保險責任，但曝露於保險公司債權人的求償請求權風險之下，適用保險法。分離帳戶是投資型保單特有，依信託法由基金保管機構管理，屬保戶所有，直接分享投資績效，無任何保證，且不受保險公司一般債權人追償，適用信託法和證券法。

表 15-3-3 變額壽險保險與變額年金保險之比較

	特性	前置費用	保險成本	每月維護費用	基金投資和轉換或投資外幣	變更保額	彈性繳費
變額壽險	保障為主	年繳保費 150%（分 5 年）	依年紀和性別每月收取費用	100 元	可	可	定期定額或單筆投入
變額年金保險	儲蓄為主	保費 2%～5%	不需保險成本	100 元	可	可	定期定額或單筆投入

製表：吳家揚

投資型壽險保險和投資型年金保險，兩者的差異主要在保單設計的目的和費用率上。而投資型壽險保險主要目的在高額保障，投資型年金保險主要目的在儲蓄。前置費用：前者的費用分 5 年繳，總共高達年度繳保費的 150%，後者費用為保費2%～5%；兩者都可以做基金投資和轉換，也可以投資外幣；兩者都可以變更保額和彈性繳費，定期定額或單筆投入皆可；每個月有固定維護費月；保單的保險成本也不同，前者依體況、年齡和性別每月收取費用，後者是儲蓄性質，不需保險成本。每家保險公司的每張保單收費標準可能不同，解約或部分提領也可能產生相關費用，要了解並多做比較，才不會吃虧。

關於投資型保單的關鍵問題一定要親身弄懂，不能一昧盡信銀行理專或保險業務員的說法，切記「羊毛出在羊身上」，規避風險與提高效益這些事情還是要依靠自己。本文不一一特別解釋條款和內容，因為可以寫成一本專業的投資書了，在此只會抓一些重點來說明。再次強調，看不懂就不要買，不符合自己的需求也不要買，以避免自己受傷。以下將以我自己購買的變額終身壽險，來說明投資型保單的運作。

變額壽險的理賠模式

變額終身壽險主要可分為甲型和乙型。甲型的身故理賠金額是保單分離帳戶價值和一般帳戶投保的保額「兩者取其大」，保險成本會隨著保單投資帳戶價值而變化。乙型的身故理賠金額是保單投資帳戶價值和一般帳戶投保的保額「兩者相加」，保險成本固定，不隨保單投資帳戶價值而變化。乙型總收取保費比甲型高，所以理賠金額也較高。

舉例 01

Q：志明投保保額 800 萬元，年繳保費 18 萬元。假設第 1 年進到分離帳戶為 7.2 萬元，因投資得當，基金價值變為 10 萬元，當年度事故身亡時，保險公司理賠多少錢？

A：甲型 800 萬元，乙型 810 萬元。
假設分離帳戶有 100 萬元，當年度發生事故身亡時，保險公司理賠：甲型 800 萬元，乙型 900 萬元。
假設分離帳戶有 900 萬元已大於保額，當年度發生事故身亡時，保險公司理賠：甲型 900 萬元，也就是自己的錢；而乙型為 1,700 萬元。

變額終身壽險的收費模式

投資型壽險保單需要付出「前置費用、保險成本和維持費用」三種費用。前置費用依「繳款年限」而定，從扣款銀行進來的錢直接扣除，叫做前置費用：第 1 年前置費用為年繳保費 100%，第 2 年為 30%，第 3～5 年 10%，合計 5 年達保費的 160%，第 6 年起則不再收取，增額保險費用為增額保費的 5%。扣完前置費用還有剩的錢，就進入分離帳戶中。為了要維持保單有效，每月另外再從分離帳戶中固定付出兩筆錢：保險成本和保單行政管理費。第一年只收前置費用，不會收保險成本，第二年開始收保險成本及保單行政管理費（每個月 100元）。如果分離帳戶中錢不夠扣保險成本和保單行政管理費，保單就會結束。

保單中會有一張保險成本表（如果沒有，需向保險公司要），甲型的危險保額的係數和身體狀況、年紀、性別與一般帳戶投保的保額，還有分離帳戶中的金額都有關。乙型的危險保額的係數和身體狀況、年紀、性別與一般帳戶投保的保額有關。

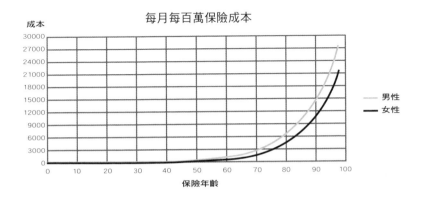

圖 15-3-1 投資型保單保險成本示意圖

製圖：吳家揚

變額終身壽險購買目的和保額轉換

❶ 第一階段（30 歲到 65 歲）需要高額壽險保障：投資型保單可以輕易做到 1,000 萬元保障，如果 65 歲決定結束保單，就將它視為「定期壽險」。越年輕投保，平均保費越便宜，且女性比男性便宜。

假設我們 30 歲或更早就購買投資型保單，到 65 歲時，結算保單的總費用。會比在同樣年紀時，購買同樣保額和同樣繳款期限的定期壽險或終身壽險總費用低很多。1,000 萬壽險保額，如果是買傳統型終身壽險，保費會非常昂貴，是有錢人才付得起的；一般人甚至連便宜的定期壽險的保費都可能負擔不起。這階段我們有很大的家庭責任，可以利用投資型保單（變額終身壽險）的特性投保高額壽險，至少可以讓財務上更安心。高保額低保費，也將省下來的保費做更好的運用。

❷ 第二階段（65 歲以後）轉換為基本壽險保障：分離帳戶可當儲蓄帳戶。

年輕時保險成本相對很便宜，年紀大時就非常貴，保險成本費率是自然費率而非平準費用；意思是保費會隨年紀增加而變多。過 65 歲之後，保險成本迅速增加更明顯，要因時制宜調整保額，降低保險成本這項保費的殺傷力。

65 歲以後，可以將它從以保障為主要目的調整改變為以儲蓄目的為主。投資型壽險保險（變額終身壽險）中的分離帳戶，是高齡者財富移轉的良好工具，善用保單遺產免稅額度，在財富管理上達到最優效益。

試算保單第一階段平均保費

　　這裡就直接拿危險保額的係數來計算保險成本，以每年每百萬元保額為單位，計算每單位要多少保費。

舉例 02

Q：小明 30 歲投保保額 800 萬元的甲型壽險，分離帳戶一直維持 40 萬元，到 105 歲保單期滿結束時要花約 3,827 萬元，平均成本每年每百萬保費約 63,783 萬元。但如果只投保到 65 歲，只花 126 萬元，平均成本每年每百萬保費約 4,499 元。但如果只投保到 60 歲，只花約 82 萬元，平均成本每年每百萬保費約 3,407 元。

舉例 03

Q：志明 30 歲投保保額 800 萬元的乙型壽險，到 105 歲保單期滿結束時竟然要花 4,028 萬元，正常人應該都不會做這樣的事，平均成本每年每百萬保費約 67,132 元。但如果只投保到 65 歲，只花 131 萬元，平均成本每年每百萬保費約 4,689 元，保費親民許多。但如果只投保到 60 歲，只花 85.8 萬元，平均成本每年每百萬保費約 3,578 元，更便宜。

Q：志明 30 歲投保保額 800 萬元的甲型壽險，分離帳戶一
　　直維持 200 萬元，到 105 歲保單期滿結束時要花 3,023
　　萬元，平均成本每年每百萬保費約 50,387 元。但如果
　　只投保到 65 歲，只花約 100 萬元，平均成本每年每百
　　萬保費約 3,584 元。但如果只投保到 60 歲，只花約 65
　　萬元，平均成本每年每百萬保費約 2,722 元。

Q：春嬌 30 歲投保保額 800 萬元的甲型壽險，分離帳戶一
　　直維持 40 萬元，到 105 歲保單期滿結束時要花約
　　2,308 萬元，平均成本每年每百萬保費約 38,468 元。但
　　如果只投保到 65 歲，只花約 64 萬元，平均成本每年每
　　百萬保費約 2,274 元。但如果只投保到 60 歲，只花約
　　42 萬元，平均成本每年每百萬保費約 1,769 元。

　　由此可知，在同樣條件下：女性比男性繳的保費少；甲型
的平均保費比乙型低，當然理賠也少；在甲型的分離帳戶中總
金額越大，平均保費也越低。如果長期投資績效良好，會進一
步降低保費的平均成本。但如果長期投資績效很差，保單甚至
會提早結束。

　　投資型保單中的投資績效，要看個人投資功力或全權委託
代操績效，與保險公司無關。

讓保單第二階段只收管理費

　　第二階段起，家庭責任降低，可將壽險保障降到最低。最
低保額可能是 10 萬元或 30 萬元，看保單規定，這時就可以大

幅降低保險成本這項費用的殺傷力。當分離帳戶中的錢大於保額時，就不需要扣除任何保險成本，每月只要付 100 元維護費用就可以。這時就用來累積財富，可當私房錢或傳承給下一代。

　　既然分離帳戶受信託法規範，基金相關費用也少不了。可以隨時變更保額和彈性繳費，定期定額或單筆投入皆可。一般而言，可以投資基金或投資外幣等不同標的且可轉換，一年內轉換 6 次免手續費；每月分離帳戶維護費用 100 元；可投資和轉換的標的，依每張保單而不同。

　　每月分離帳戶月結單的內容有投資標的、幣別、單位數、基金淨值、匯率、外幣或台幣結餘、帳戶總價值（台幣）、保險成本和維護費用等訊息可供參考。如果你是保守型的人，分離帳戶中的錢全部是貨幣也行，不須承擔任何投資風險。如果是台幣，也不需要承受匯率風險，只是長期而言，會錯失投資標的長期成長的機會。

小提醒
❶ 不宜附加附約

　　投資型保單每個月固定的保險成本和維持費用，都是從分離帳戶內扣，萬一投資績效差時，投資帳戶內錢不夠扣，保單也可能會提早失效。這險種也不宜附加附約，否則主約失效，附約也失效。65 歲已達退休年紀，「定期壽險」失效對保戶不會造成太大影響，但若連附約醫療險也失效，就令人擔憂了。

❷ 了解商品本質和成本

　　投資型壽險保單雖然兼具保險與投資性質，但是它的本質是保險商品，過度強調投資功能與投資報酬率會誤導消費者。

當投資人購買投資型保單要掌握：購買目的、要保人年齡、相關的成本費用和投資績效等要點。

❸ 善用分離帳戶

投資型保單可機動調整保額和保費，且分離帳戶資金可靈活運用，進而創造出適合人生各階段的需求。投資效益與風險的估算及相關安排，需要專業知識，透過值得信賴的 CFP 或 CSIA（證券分析師），可以讓投資事半功倍。

❹ 「買基金送保險」沒這回事

「買基金，送保險，反正保險不用錢，買到賺到」錯！許多人因為相信行銷話術，而糊裡糊塗買了投資型保單。投資型保單顧名思義就是「保單」，只是它連結基金、外幣等投資，購買投資型保單毫無疑問的就是購買保險。保單是有成本的，而且保險內容的附約所需要的費用，也都是由投資人自行負擔，並非無償送給投資人。

金融主管單位已經三令五申「買基金送保險」這樣的說法違法，不過，市面上仍有銷售人員或走偏鋒，或不一定有能力了解全部的內容，而誤導投資人陷入投資風險。

❺ 投資與保障目標大不同

既能投資又有保障，是投資型壽險保單一大誘因，投資者要清楚，主要需求為何？如果首要目標是高額壽險保障，對年輕族群而言，投資型壽險保費比定期壽險及終身壽險相對便宜，是適合的標的，但對「高齡」被保險人來說，保費高昂，不划算。

如果是儲蓄為目標，投資型壽險保險前置費用和保險成本高，如果險種不是自己所需要的，錢在這裡就白花了。這時，

可考慮不需要保險成本、具儲蓄性質的投資型年金保險。簡要而言，釐清購買目標，挑對險種，才能符合需求。

❻ 投資型壽險保單應與年齡速配

購買投資型壽險保單年齡是一大關鍵，前面提過投資型保單因為保費比傳統定期壽險及終身壽險相對便宜；如果在 65 歲法定退休年紀之前，可以將它視為「定期壽險」來規劃高額保障，會比傳統的定期壽險便宜許多。但 65 歲之後保險成本迅速增加，從保險的觀點來看，不符合成本效益。因此購買投資型壽險者，隨年齡增加時要在適當時機，因時制宜調整保額，降低保險成本這項保費的殺傷力，將它從以保障為主要目的調整改變為以儲蓄目的為主。

投資型壽險保單 DIY ？

我們可以自己設計投資型保單，就是單純買一張壽險，定期壽險或終身壽險，然後定期定額或單筆買基金做投資。這也是沒有投資型證照或不懂投資型保單的保險業務員會告訴你的事，這樣的考慮並不全然對。最主要的考量還是我們的「投保」動機，和選擇這個「工具」的目的為何？

所有工具都有優缺點，了解並利用優點才是我們想要的。分開買的優點是兩者獨立，不會有互相干擾和保單失效的問題，缺點是高額壽險保費很貴，一般人負擔不起。我們利用它的特點，可以在年輕時買投資型壽險保單，達到我們要的高保額保障的目的。而時間到了，就 let it go 吧！

15-4 特定族群購買保單時應注意事項

購買保單要有一定的要件，例如：要保人和被保險人要有保險利益、被保險人身心狀況不能被列入拒保行列、保額有一定限制、實支實付附約和小額終身壽險有張數限制等等。產險的部分也是一門專業，但本書不討論。

特定族群購買保險時，除一般核保原則外，還特別需要注意一些事項，免得理賠出了問題。

65 歲以上年長者

目前國內保險主約，不管是定期或終身，有機會可投保到 65 歲，而附約有機會可續保到 85 歲，但年紀越大，保費一定越貴。因此，高齡長者要先思考保險需求或缺口、經濟能力以及健康狀況，再決定買什麼保險。

年紀超過 65 歲，早年購買保單不少附約無法續約，但其實年紀越大越需要保障，究竟高齡長者還有哪些保險可以選擇？

對手上沒有任何保險的 65 歲以上長者，但仍持續工作或二度就業，至少可善用公司提供 6%勞工退休金以及勞保的職災保障；相反地，若已經退出職場，「有機會」要儘量加入配偶、子女或兄弟姊妹等在職公司的員工團體保險，算是最經濟實惠的選擇。當然，如果體況不佳，團險也有可能拒保。

除了團險之外，從「經濟保障」角度思考，優先考量意外險，其次是「小額終身壽險」，最後才考慮儲蓄險或其他險種；不過，若從財富傳承角度思考，則要另外規劃。

因為隨著長者年齡增加，發生意外事故機率增加，保費相對便宜的意外險，將成為優先選擇；若長者出國旅遊，絕對不

能忽略旅遊平安險，並切記附加「海外突發疾病住院醫療」。

其次是購買「小額終身壽險」，這是政策性保單，每人限購 2 張、額度 50 萬元為限。由於保費較傳統終身壽險便宜，保單成長速度驚人，屬高 CP 值保單。最後，手頭稍微寬裕的長者，不妨可考慮透過儲蓄險或投資型保單，建立自己的小金庫，方便靈活運用。

當然，65 歲以後難免身體有病痛，此時就算身體狀況佳且具可保性，住院醫療保障型保單能買到的機會不大，但長者不妨利用現有有效的保單增加保障。因為某些壽險主約在特定條件下，如結婚生子或保單滿 5 週年等，即使體況不佳被拒保，依然可免體檢加買壽險保額 25%，條款內也有年滿 69 歲住院醫療提前給付保險金、完全殘廢保險金或生活扶助金。

可利用舊保單加購保額，因為依保單生效年齡計算保費相對便宜，而不足的部分只能靠健保、社會保險或積蓄來支應。

高齡長者投保的優先順序：

優先 1：意外險：投保年齡上限 75 至 80 歲，最高可續保 85 歲。

優先 2：小額終身壽險：投保年齡上限 84 歲，額度上限 50 萬元。

優先 3：儲蓄險、養老險、壽險、年金險或投資型保單：投保年齡上限 74 至 90 歲。

搭飛機出國的孕婦

現代女性對於懷孕期間禁忌大幅降低，孕婦搭機出國旅遊人數漸多。然而懷孕是婦女人生大事，生理與心理急遽變化，

承受的身心風險較一般人高出許多。也因此孕婦考慮出國時，行前的評估和準備就很重要，懷孕期間如有保險規劃，也要特別注意相關規範。

　　搭飛機或出國旅遊可能對孕婦造成負擔，如有出國的計畫務必與產檢醫師詳加討論，徵詢專業意見。一般建議，懷孕初期或是懷孕 28 週之後的孕婦、有流產經驗、或擔心早產者，在此期間儘量不要搭乘飛機。

　　孕婦要出國門無法瀟灑的自己說走就走，還要看航空公司或入境國是否同意放行。在航空公司「安全與健康」原則內，孕婦與產婦上飛機都有特別規定的事項與條件。對於孕婦能否入境，有些國家有特別規定，出國前應先詢問清楚，以免屆時無法入關。

　　長榮航空公司不接受懷孕 36 週以上（距離預產期 4 週以內）或多胞胎且懷孕 32 週以上之懷孕乘客或生產後 7 天內之產婦搭機旅行。但接受以下懷孕乘客搭機：1. 懷孕 28 週未滿 36 週（距離預產期 12 至 4 週），或是多胞胎懷孕 28 週未滿 32 週（距離預產期 12 至 8 週）之乘客，需事先由其主治醫師於搭機前 10 日內填具長榮航空之適航證明（MEDIF），並經由本公司醫師同意，方可搭機；同時須於起飛 48 小時以前打電話完成預訂。2. 懷孕未滿 28 週，不需提供適航證明，然而，若預計回程航班於懷孕滿 28 週之後，則比照上述距離預產期 12 週以內之懷孕乘客搭機作業規範辦理。（資料來源：長榮航空→飛行準備→特別需求協助→孕婦搭機，https://www.evaair.com/zh-tw/fly-prepare/special-assistance-and-inquiry/travelling-when-pregnant/）

　　另外，華航規定更嚴格：若因旅客隱瞞自身孕期或身心狀況，導致本公司航程受到影響，因而產生之成本（包括但不限於轉降、延誤求償等），本公司將保留法律追訴權。（資料來

源：中華航空→管理行程→特別協助→其他特別需求，https://www.china-airlines.com/tw/zh/fly/prepare-for-the-fly/special-assistance/other-special-needs）

搭機時全體乘客是共同體，孕婦切勿心存僥倖。萬一面臨航空公司採取法律行動索賠求償，飛行需要高昂的成本，如與天價索賠，那就不只是敗興，還會賠上一家人的幸福。

在海外旅平險或意外險主約之下附加的「海外突發疾病醫療險附約」，懷孕期間「懷孕、分娩以及因為懷孕或分娩的合併症所需的檢查與治療」，並不在理賠的範圍內，因為懷孕這件事不屬於突發疾病範疇。不管投保前是否已經懷孕，一定是除外而無法獲得理賠的，但其它非既往症的海外突發疾病還是會理賠。

的確，投保海外旅行平安保險或意外險，當意外發生時會有保障，是可以用小錢保障自己面對的大風險。但是要注意，由於女性懷孕期間的風險比正常人高得多，通常各家保險公司對孕婦投保有一定的限制。

較理想的做法是，懷孕前應先檢視自己的保單內容，是否有基本的住院醫療險，包含實支實付附約和意外險附約等等。如果沒有這些基本險種，要先行投保。另外，如到國外、大陸地區旅遊或處理事務，臨時發生不可預期的之緊急傷病或緊急生育情事，必須在當地醫療院所立即就醫時，可檢具相關資料，申請全民健康核退醫療費用，核退標準則依全民健康保險給付規定核實支付，惟訂有上限。

如果是懷孕之前就已經購買的保單，或是「懷孕時新買的保單但沒有被批註除外」，保險事故發生時，保險公司都會理賠。「婦嬰險」以懷孕婦女和胎兒為主要訴求，範圍通常包含

「特定手術醫療保險金、生育保險金、妊娠期併發症保險金、嬰兒先天性重大殘缺保險金」等保障，投保條件和內容依保險公司而定。預備懷孕或懷孕初期者詢問較多，因為婦嬰險是定期險，保障範圍比較狹隘。相較之下，住院醫療險的範圍較全面，無論懷孕與否都能獲得保障，是目前較受歡迎的保單。

台灣有許多孕婦為了搶生美國寶寶，冒著生命安全和違反相關規定的風險上飛機，實屬不智，懷孕時出國旅遊還是小心為上。若懷孕期間搭飛機出事，保險公司要理賠嗎？如果保單沒有批註除外，都可獲得理賠。但確保自己和胎兒安全，才是首務。

需要特別門診的人

民眾就醫如果覺得一般門診候診時間太長，批價、檢查、領藥看病過程耗時太多，想擁有私密的看診空間，各大醫院都有「特別門診」，例如，台大醫院有景福門診，病患及家屬可跟醫師詳談，了解疾病，擬訂治療策略。特別門診費用比一般門診費用貴，但服務品質會比一般門診好許多。

民國 106 年 4 月底，出現完全自費的超五星級診所，初診看診時間超過一小時，問診、抽血、X 光、超音波等檢查，但費用一次至少 12,000 元。以資深教授門診和專家門診為訴求的「超五星級門診」，以客為尊，但收費不便宜，以價制量，能有較充裕的問診時間，也可當天快速取得檢驗報告。而民眾也會期待資深教授擁有豐沛的人脈，在協助轉診，幫病患找到對的醫師，完成後續手術、治療，不過這一點與「台大特別門診」是接近的。超五星級診所問診，基本上可能涵蓋部分健康檢查費用在內，目前健檢是自費的，健保並不包含。

目前國內保險公司目前並沒有開發此類「特別門診保

單」，所以自費問診並不會理賠。金字塔頂端的客群，是小眾，也夠有錢，負擔得起費用。直白說，這個族群可能也不在乎理賠金。因為市面上無此類型保單，要滿足醫療需求者，投保一般的醫療住院險即可。舉例在醫院自費做大腸鏡健檢時，若發現息肉順便切除，門診手術可賠、手術險可賠、實支實付可賠，只要附上診斷證明和當天收據。若因自費沒有健保身分，實支實付醫療險附約理賠金額會打 65 折到 85 折。但到自費健診中心，即使發生上述的例子，診所若不開診斷證明，也無法申請理賠。

保單理賠的前提是：買到「對的保單」、符合「理賠要件」和診所「要符合醫院定義」。保單中對「醫院」的定義，係指依照醫療法規定領有開業執照並設有病房收治病人之公、私立及醫療法人醫院。「超五星級」健檢診所，目前號稱有地區醫院的規模和設備，如果可以施行手術和住院，若符合條件的保單，就可以啟動相對的理賠。要特別注意的是，醫療住院險理賠的重要三原則：「必要性醫療行為、住院／門診手術、合法醫院」，所以健檢和問診不在理賠範圍。如果超五星級健檢診所不符合醫院定義，當然也不會在理賠範圍之內。

未滿 15 歲之未成年人和受監護宣告尚未撤銷者的死亡理賠

民國 107 年普悠瑪出軌事件中，15 歲以下罹難者無法獲得身故保險金理賠。輿論才注意到原來保險法第 107 條規定，「未滿 15 歲成年人死亡，無法獲得死亡給付，只能退還所繳保費加計利息。」也因此認為，辛辛苦苦繳保費，卻沒有獲得足夠的理賠而不滿。

民國 109 年新修法被稱為「普悠瑪條款」，未滿 15 歲之未成年人死亡給付加入喪葬費的設計。

以未滿 15 歲之未成年人為被保險人訂立之人壽保險契約，除喪葬費用之給付外，其餘死亡給付之約定於被保險人滿 15 歲時始生效力。前項喪葬費用之保險金額，不得超過遺產及贈與稅法第 147 條有關遺產稅喪葬費扣除額之一半。（保險法第 107 條）→民國 109 年喪葬費扣除額是 123 萬元。

訂立人壽保險契約時，以受監護宣告尚未撤銷者為被保險人，除喪葬費用之給付外，其餘死亡給付部分無效。前項喪葬費用之保險金額，不得超過遺產及贈與稅法第十七條有關遺產稅喪葬費扣除額之一半。（保險法第 107-1 條）

【保險範圍：身故保險金或喪葬費用保險金的給付】：

訂立本契約時，以實際年齡未滿 15 足歲之未成年人為被保險人，除喪葬費用之給付外，其餘死亡給付之約定於被保險人實際年齡滿 15 足歲之日起發生效力；被保險人實際年齡滿 15 足歲前死亡者，其身故保險金變更為喪葬費用保險金。但於民國 99 年 2 月 3 日以前訂立之保險契約，且約定之死亡給付或喪葬費用保險金額較遺產及贈與稅法第 17 條有關遺產稅喪葬費扣除額之半數為高者，從其約定；約定之死亡給付或喪葬費用保險金額較遺產及贈與稅法第 17 條有關遺產稅喪葬費扣除額之半數為低者，計入本條第 5 項喪葬費用保險金額總和。訂立本契約時，以受監護宣告尚未撤銷者為被保險人，其身故保險金變更為喪葬費用保險金。民國 99 年 2 月 3 日以前約定之死亡給付或喪葬費用保險金額較遺產及贈與稅法第 17 條有關遺產稅喪葬費扣除額之半數為低者之保險金額、第三項被保險人於民國 109 年 6 月 12 日（含）以後及第 4 項被保險人於民國 99 年 2 月 3 日（含）以後所投保之喪葬費用保險金額總和（不限本公司），不得超過遺產及贈與稅法第 17 條有關遺產稅喪葬費扣除額之半數，其超過部分本公司不負給付責任，本公司並應無息

退還該超過部分之已繳保險費。前項情形，如要保人向二家（含）以上保險公司投保，或向同一保險公司投保數個保險契（附）約，且其投保之喪葬費用保險金額合計超過前項所定之限額者，本公司於所承保之喪葬費用金額範圍內，依各要保書所載之要保時間先後，依約給付喪葬費用保險金至前項喪葬費用額度上限為止，如有二家以上保險公司之保險契約要保時間相同或無法區分其要保時間之先後者，各該保險公司應依其喪葬費用保險金額與扣除要保時間在先之保險公司應理賠之金額後所餘之限額比例分擔其責任。

省略近 20 年來的未成年人保單死亡內容調整，只說民國 109 年 7 月 1 日以後的結論：只要保單是 15 歲之前身故「退還保費給要保人」者，可不計入 61.5 萬元的限額，但若是退保費給「受益人」，就要算入額度；同時壽險保單必須對未滿 15 歲的被保險人，設計有喪葬費用，因此不能只退還保費。過去已有投保未滿 15 歲之未成年人保單，含民國 99 年 2 月之前是給付喪葬費用不得逾 200 萬元的舊保單，都要算入，若還要再加買保障，合計已逾 61.5 萬元者，只要家長簽聲明書，表達知道。若 15 歲之前身故是退還保費，壽險公司即可受理核保。

精神障礙或其他心智缺陷等人的死亡給付又是另一件事，和年紀無關，只會給付「喪葬費用保險金」給受益人，它會根據遺產及贈與稅法第 17 條有關遺產稅喪葬費扣除額之半數而調整，民國 109 年額度為 61.5 萬元。

關於保單部分，民國 109 年 1 月 1 日保單已經調整過一次，民國 109 年 7 月 1 日再調整一次。7 月 1 日主要是主管機關為利於保險業接軌 IFRS17，發布訂定「人壽保險商品死亡給付對保單價值準備金（保單帳戶價值）之最低比率規範」，並修正「人身保險商品審查應注意事項」部分規定。所有保單大改

款，保費都只會越來越貴，宜趁早規劃適當的保險。

　　未滿 15 歲之未成年人保單，未滿 15 歲死亡，會有 61.5 萬元的喪葬費用保險金上限，似乎比舊保單（民國 99 年 2 月 3 日到 109 年 6 月 12 日）的條件還好。學生保險、年金險等都不算入 61.5 萬元的額度，所以未滿 15 歲之未成年人還是有充足的保障。未滿 15 歲之未成年人保單規劃，應該聚焦於醫療和意外的保障，而非身故保險金的理賠。

　　保險理賠都以保單條款為準，每個時期的條款內容都不相同，怎麼寫就怎麼賠。平常要養成看保單條款的習慣，有問題就請教 CFP。

擔心感染武漢肺炎者

　　武漢肺炎（COVID-19，新型冠狀病毒）來勢洶洶，疾管署已將「武漢肺炎」列為第五類法定傳染病，疫情還在變化中。民國 109 年，許多家「產險公司」推出針對武漢肺炎的新保單。民國 110 年元月，台產還造成 500 元防疫保單之亂，掀起全台排隊狂潮，而後緊急下架。萬一感染此類傳染病，人身保險舊保單能否獲得相關的保險理賠？要怎麼保才安心？

　　在民國 87 年以前的舊醫療險保單，將「法定傳染病」列在「除外不保項目」，不予理賠。但金管會日前指示，「武漢肺炎」基於有利於被保險人考量，要求保險業者從寬處理。這算政府德政，要保險公司買單，大型保險公司為響應政策，不會視為除外責任。已投保住院醫療險（日額或實支實付）的保戶，若確診罹患武漢肺炎而住院接受診療者，如符合保單條款約定，均可獲得保險理賠。

　　確實做好自我防護，若工作關係非得出國，出國前多留意

「外交部領事事務局」→「旅外安全」→「旅外國人急難救助」、「旅外安全資訊」、「出國登錄」、「旅遊示警」、「外交部緊急聯絡中心」等等訊息（https://www.boca.gov.tw/np-5-1.html）。非必要，不要進入疫區，避免不必要的困擾和麻煩。

面對疫情要謹慎，但不用驚慌，流感、意外、癌症、生病和車禍等等不幸事件的死亡率，目前都遠大於武漢肺炎。因工作或旅遊之故，必須前往疫區或附近城市，應落實用肥皂勤洗手、咳嗽配戴口罩等措施，避免接觸野生動物及急性呼吸道感染症患者，降低出入傳統市場及醫療院所的可能性。如果回國後有發燒或咳嗽等症狀，應主動通報防疫專線並戴口罩儘速就醫，對自己也對家人負責任。針對武漢肺炎不需特別考量，只要平常該有的保單就可以應付了。

15-5 弱體保單

慢性病已經成為現代人健康上最大的隱憂，這些慢性病的治療與控制，往往需要長期持續用藥，對身體或財務也會造成負擔。而當癌症已不是絕症而變成慢性病時，就更棘手了。不幸罹病時，還可以怎麼透過保險來分擔財務壓力？已經罹患慢性病，例如癌症、三高或類風濕性關節炎的人，還可以買保單嗎？

慢性病係國人死亡最大殺手

健保署對「慢性病」的定義，共分 16 大類：第 1 類就是「癌症」。第 2 類為「內分泌及代謝疾病」，包含「糖尿病」和「高血脂症」等。第 5 類為「循環系統疾病」，包含「心臟病」和「高血壓」等。第 7 類為「消化系統疾病」，包含「肝

硬化」和「慢性肝炎」等。第 9 類為「骨骼肌肉系統及結締組織之疾病」，包含「關節炎」、「骨質疏鬆症」和「紅斑性狼瘡」等。（資料來源：衛生福利部中央健康保險署→健保服務→健保醫療服務→慢性病與處方箋→慢性病連續處方箋，https://www.nhi.gov.tw/Content_List.aspx?n=50D14E038DCBAD28&topn=3185A4DF68749BA9）

衛福部統計處依死亡率排序，民國 108 年十大死因依序為：1. 惡性腫瘤（癌症）。2. 心臟疾病。3. 肺炎。4. 腦血管疾病。5. 糖尿病。6. 事故傷害。7. 慢性下呼吸道疾病。8. 高血壓性疾病。9. 腎炎腎病症候群及腎病變。10. 慢性肝病及肝硬化，排名順位與 民國 107 年相同。

民國 108 年癌症死亡人數為 5 萬 232 人，占所有死亡人數 28.6%，死亡率每 10 萬人口 212.9 人，較上年上升 1.8%，標準化死亡率為每 10 萬人口 121.3 人，則降 1.4%。就年齡觀察，癌症多集中於 55 歲以上之族群，民國 108 年占 8 成 5；65 歲以上癌症死亡人數較上年增加 899 人（＋2.9%）；0-64 歲則較上年增加 7 人。

十大癌症死亡率依序為：1. 氣管、支氣管和肺癌。2. 肝和肝內膽管癌。3. 結腸、直腸和肛門癌。4. 女性乳癌。5. 口腔癌。6. 前列腺（攝護腺）癌。7. 胰臟癌。8. 胃癌。9. 食道癌。10. 卵巢癌。前六大主要癌症之順位與 107 年相同。（資料來源：衛生福利部中央健康保險署→最新消息→焦點新聞→109 年衛生福利部新聞→6 月新聞→108 年 6 月 21 日發布，https://www.mohw.gov.tw/cp-16-54482-1.html）

癌症更是數十年蟬聯榜首，不管是環境因素或家族遺傳造成，讓大家「聞癌色變」。十大死因除事故傷害外，幾乎都是慢性病。短期內死不了，長期生活品質不好，是慢性病最大夢

蠯。例如三高可能會引起雙眼失明、急性腦血管疾病、肢體重度殘障、急性心肌梗塞、末期腎病變、中風、皮膚感染等病變，需要洗腎或截肢，投保醫療險和癌症險有其必要。

正確的投保觀念

在健康時投保，是最好的策略。以壽險當主約，附加意外和實支實付，是基本的作法，尤其是「實支實付」，更是要「保好保滿」。隨財務增加再逐步加上醫療險、癌症險和重大疾病險，重大疾病險可以一次給付大額費用，轉嫁黃金治療時期的大額醫療支出。針對癌症，如果吃自費標靶藥，很貴但也可能無效。雖然「癌症險」可以減輕財務負擔，但此時更需要的是「實支實付附約」和「重大疾病險」來轉移龐大的醫療醫藥費用。

如果在「非標準體」狀況下投保，保險公司可能有會：批註、延期承保、除外、加費或拒保等處理狀況。針對慢性病患者投保時，除「誠實告知」外，保險公司通常會針對「健康聲明書」內容而要求相關體檢，再詳實填寫問卷：有無合併症和檢查治療的結果，做為最後承保的判斷依據。

傳統保單對「非標準體」的處理原則，每家保險公司會根據自己的大數據分析，要求也會有差異，購買前先詢問清楚。有時需要送件和體檢後，才能得知最後核保結果。

表 15-5-1 常見慢性病可能的處理原則

常見慢性病	可能的處理原則
癌症	1. 癌症確診後幾乎都不能買癌症險，除非 5 年以上不復發。少數原位癌且控制良好，或許還有機會在 5 年內承保，但 3 年內一定沒機會。 2. 舉例大腸癌患者：癌症險，拒保。醫療險，若癌症在第二期以下（含第二期），可以加費及批註承保；但若達第三期，需個案評估。
高血壓	如果正常服藥且控制良好，壽險承保時可能不會加費，但醫療險可能會加費。
高血脂	高血脂可能會拒保；高血脂加上高血壓一定拒保。
糖尿病	糖尿病很麻煩，保險公司會依據體檢數字來加費。有時加的費用非常高，「故意」讓人知難而退。
類風濕性關節炎	患有輕微的類風濕性關節炎，還可上班、生活起居正常。壽險通常加費承保；醫療險若情況不嚴重，無關節變形，有機會加費及批註承保。
B 肝	只要體檢血液、血壓、尿液數值正常，B 肝帶原者可用正常的費率投保。但 B 肝併有 C 肝，直接拒保。
紅斑性狼瘡	所有醫療險和壽險都會被拒保。

整理：吳家揚

　　保險理賠爭議常發生於「不誠實告知」或「申請文件不齊全」。新保單 2 年內發生理賠，無論金額大小都會調病歷。健保局目前病歷開放給保險公司查詢年期為 10 年，建議有把握時再投保。舉例新購買癌症險，健康聲明書中的告知事項最長時間是 5 年，假設某人 10 年前罹癌，治療 3 年後完全恢復正常，7 年來都不需要再回診，所以健康聲明書裡一切都正常。如果 2 年內罹癌而申請理賠，保險公司調到 10 年前的病例：若是原癌症復發，保險公司不會理賠，此時保戶心中一定充滿憤怒；若

是新癌症，保險公司一定要賠。

　　被拒保，大概只能買儲蓄險或年金險，自己要存錢來對抗潛在的風險。如果來不及買商業保險而罹患重大傷病時，持重大傷病證明於有效期限內就醫，健保買單，也可以省下不少醫療費用。（參考資料：衛生福利部中央健康保險署→健保服務→健保醫療服務→重大傷病專區，https://www.nhi.gov.tw/Content_List.aspx?n=3AE7F036072F88AF&topn=D39E2B72B0BDFA15）

弱體者的福音

　　近年來，在金管會保險局的要求下或與業者溝通後，推出許多國外行之有年但對台灣卻是新型態的保單，例如「弱體型」和「實物給付型」等。「弱體保單」是針對已罹患特定疾病的病友，在傳統保單拒保的情狀下，還有機會投保的保單。

　　國泰人壽推出罹癌後的健康醫療保險，康泰無憂住院醫療終身健康保險。投保時須檢附罹患「原發性癌症」之證明文件**【國際疾病傷害及死因分類標準第九版（ICD-9-CM）定義之12 項原發性癌症】**，如病歷、病歷摘要、病理檢驗報告或可證明為「原發癌症」之診斷書，給病友安心的保障。目前市面上的弱體保單，列表如下：

表 15-5-2 各保險公司弱體保單

保險公司	保單名稱	保險對象	投保年齡
富邦人壽	智糖人生定期健康保險	提供糖尿病前期及第 2 型糖尿病患者，有機會獲得健康保障	30~65 歲
國泰人壽	康泰無憂住院醫療終身健康保險	罹患 12 項常見「原發性癌症」之病友	20 歲至繳費期滿不超過 75 歲
國泰人壽	三高平安定期健康保險	已存在之三高（高血壓或糖尿病 / 高血糖或高血脂）症狀之病友，且已接受治療者。	30~65 歲
台灣人壽	與愛同行住院醫療終身健康保險	13 種特定癌症病友專屬的終身醫療保險	20~60 歲
台灣人壽	有愛無礙住院醫療終身健康保險	特定輕、中度身心障礙者	20~60 歲
台灣人壽	與糖同行定期健康保險	糖尿病前期或第 2 型糖尿病友專屬外溢保單	30~65 歲
台灣人壽	愛肝人生終身保險（弱體型）	B 型肝炎帶原之患者	15~55 歲
新安東京海上產險	三高心安保	三高族群	新保件 35 ～ 60 歲，可續保至 65 歲

資料來源：各保險公司官網，2020/12/20
整理：吳家揚

　　弱體保單的保費，較一般相同保障商品高。投保時，除詳填要保書和依公司規定辦理外，被保險人應考慮「所繳保費和理賠金額」的競合關係，看是否划算。

15-6 實物給付型保單

　　實物給付型保單，相對複雜，保險業務員也不喜歡推廣，

一般人熟悉度和接受度都低，所以實物給付型保單的市占率低。

　　過去在台灣，人身保險理賠一向是以現金給付方式付錢給保戶，民國 105 年「實物給付型保單」正式上線，這些保單讓理賠不再只限於現金，也可以是服務或是物品，打破傳統習慣，讓給付方式更具彈性。

　　實物給付型保單在日本已經行之多年，而台灣直到民國 104 年 7 月才由金管會開放此業務，並於民國 105 年 4 月核准國內第一張實物給付型保單。對保戶而言，物價節節上升之際，實物給付型保單預先購置的特性具有抗通膨效果。且因應老年化、少子化社會來臨，自己的事情自己先打理，省得操煩需要時無人理。

　　金管會表示，實物給付型保險商品是指於保險契約中約定保險事故發生時，保險公司以提供約定之物品或服務以履行保險給付責任者。實物給付的態樣目前規劃有健康管理、醫療、護理、長期照顧、老年安養和殯葬等 6 大類服務，以及為執行前述各項服務所需之物品（說明及範例詳後附表）。實物給付的方式則有受益人可自行選擇實物給付或現金給付的「給付選擇方式」，或除特殊情形得改採現金給付外，否則以實物給付為原則的「有條件變更方式」。實物給付型保險商品亦可與傳統的現金給付搭配設計。（資料來源：金融監督管理委員會→公告資訊→重大政策→新聞稿，https://www.fsc.gov.tw/ch/home.jsp?id=96&parentpath=0,2&mcustomize=news_view.jsp&dataserno=201507140004&toolsflag=Y&dtable=News）

　　實物給付型保單的特色是保單上一定冠以「實物給付型」這 5 個字。目前實物給付型保單商品不少，可以 GOOGLE 查到保險公司的商品，或進入各保險公司官網搜尋，很容易找到相

關商品。

誰受益

目前一般民眾的做法是投保壽險保單，身故時領到一筆身故金，留愛給家人。實物給付型保單的優點，除抗通膨效果之外，透過保險集結眾人之力的精神，與受益人拿現金理賠購置相同服務相比，透過保單得到的服務價格可能相對優惠。舉「殯葬服務型保單」來說，若加保實物給付保單，可結合死亡保險金，採現金與實物給付混合的方式，除留一筆身故金給家人外，亦由保單提供處理後事的服務，保障與服務一次到位，體貼家人，並可「從容完成」人生最後的畢業典禮。

與民眾直接向殯葬業者購買生前契約相較，壽險公司提供的殯葬服務實物型保單，價格有機會更便宜。因壽險公司保戶眾多量大，殯葬業者便會給予較優惠的價格，發揮規模經濟的效果。殯葬業者毛利雖然會被壓縮，但交易量放大，對業者也有好處。

對保險公司而言，實物給付會比現金給付更有彈性。在保單設計精神上，壽險公司、提供實物給付的相關業者和保戶一起將餅做大，大家都蒙受其利。三者之中，壽險業者是「遊戲規則制定者」，應是最大受益者。

注意事項

提醒消費者，購買實物給付型保單，要詳細評估自己的需求和習慣，單獨購買健檢服務或喪葬等服務，這些費用都是可事前先計算。例如到教學醫院做心臟超音波檢查需自費 2,500 元，以已停售的 XEX 為例，每次做昂貴的健檢項目就划算。如果每次都只拿現金 2,800 元，顯然不划算。就像加入健康俱樂部一樣，如果常去，計算單價會很便宜；但如果最後一年只去一兩次，單價就會變很貴。

實物給付型保單的內容並非一成不變，條款也寫得很清楚，保險公司會在官網公告。和現行的保單一樣，實物給付型保單投保時也要注意除外和不保事項。要隨時上網查看最新的內容，才會知道最新的保障內容。

目前大家習慣於現金給付方式，實物給付型保單相對複雜。實物給付型保單若做得好，保戶從搖籃到墳墓，所有大小事都可以透過實物給付型保單做細緻、妥善的安排。如果大家接受度高，這種新型態保單是未來的亮點，尤其在長期照顧和老年安養。

目前市售的實物給付保單

壽險公司實物給付保險商品之銷售情形參見表15-6-1。

表 15-6-1 各壽險公司實物給付保險商品之銷售情形

新聞稿日期	2020-02-04	2020-04-21	2020-08-04	2020-11-03
年度／季度	2019／Q4	2020／Q1	2020／Q2	2020／Q3
核准及備查實物給付型保險商品	6 家壽險公司共 16 張	6 家壽險公司共 17 張	6 家壽險公司共 17 張	6 家壽險公司共 21 張
實物保單累積新契約銷售件數	181,775件，較 107 年同期之 151,860 件增加 19%	27,386 件，較 108 年同期 之 38,052 件減少 28%	28,421 件，較 108 年同期 之 80,171 件減少 64.5%	30,283 件，較 108 年同期 之 122,655 件減少 75.3%
實物保單初年度保費收入	約新台幣 3,846 萬元，較 107 年同期 之 3,961 萬元減少 3%。	約新台幣685 萬元，較 108 年同期之 797 萬元減少 14%。	約新台幣 1,047 萬元，較 108 年同期 之 1,716 萬元減少 39%。	約新台幣 1,618 萬元，較 108 年同期 之 2,779 萬元減少 41.7%。

資料來源：金管會保險局➜公告資訊➜新聞稿與即時新聞澄清➜新聞稿➜https://www.ib.gov.tw/ch/home.jsp?id=239&parentpath=0,2,238

整理：吳家揚

舉幾個例子，列表如下：

表 15-6-2 實物給付保險商品案例

保險公司 / 保單名稱	商品特色
台灣人壽 / 新龍耀一世終身壽險（實物給付型）	現金＋實物給付，保障與服務一次到位。殯葬價格終身約定，抗通膨、免煩惱。多種繳費年期＋投保方案，最多選擇。2 至 6 級失能豁免保險費，最安心。
國泰人壽 / 智樂活認知功能障礙定期健康保險（實物給付型保險商品）	步數達標，保障提升，讓您的每一步更有價值。健康回饋保險金，無理賠年年領取保額的 10%。給付方式 2 擇 1，提供保險金給付或長期照顧服務（實物給付）。
國泰人壽 / Hen 享守護長期照顧定期健康保險（實物給付型保險商品）	給付方式 2 擇 1，提供保險金給付或長期照顧服務（實物給付）。無理賠紀錄，回饋年繳應繳保險費總額之 10%。更約保證，期滿可保證更約至本公司公告同類型主約。
全球人壽 / 安心無慮終身壽險附約（實物給付型）（XDT）	禮儀服務實物給付，保險規劃更加完備。投保立刻鎖定價格，物價變化皆不加費。服務項目條列清楚，契約內容保障明確。
新光人壽 / 尊龍未來終身壽險（實物給付型保險商品）	繳費年期多樣化選擇，實物給付新台幣保單。保障規劃新選擇，提供「生命禮葬服務」。第二至六級失能可免繳續期保險費。

資料來源：各保險公司官網，2020/12/28
整理：吳家揚

　　實付給付保單共有幾大類：1. 給付健檢的保單，配合指定的醫療院所和體檢項目，保單較難自由變動，最終是叫好不叫座。2. 給付海外醫療專機運送及長照服務者，而 2020 年武漢肺炎造成國人無法出國，海外醫療專機附加條款也賣不動。3. 給付殯葬服務，即連結生前契約，給付禮儀服務或塔位。4. 提供長期看護服務。5. 外溢型商品。

隨著時空環境的改變，商品會停售下架，也會推陳出新。實物給付型商品，部分險種有被「外溢型商品」取代的趨勢。

15-7 外溢保單

　　金管會業於民國 104 年 8 月 21 日修正發布「人身保險商品審查應注意事項」，開放人身保險業辦理實物給付型保險業務，實物給付的態樣則包含健康管理服務及為執行前述服務所需之物品。截至民國 106 年 1 月底，金管會已核准 2 張實物給付型之健康管理保險商品，定期提供保戶一定價值之健康檢查。

　　金管會近日亦核准保險業設計結合穿戴裝置之非實物給付型之健康管理保險商品，針對維持良好體況之保戶，提供保費折減及健康促進獎勵金，依據穿戴裝置所記錄之步數情形，提供健康回饋金或保費折減，引導保戶做好健康管理。（資料來源：金管會保險局→公告資訊→新聞稿與即時新聞澄清→新聞稿→金管會鼓勵保險業研發具外溢效果之健康管理保險商品，2017-01-30 新聞稿，https://www.ib.gov.tw/ch/home.jsp?id=239&parentpath=0,2,238&mcustomize=news_view.jsp&dataserno=201701260005&dtable=News。）

　　壽險公司具外溢效果保險商品之銷售情形參見表 15-7-1。

表 15-7-1 各壽險公司具外溢效果保險商品之銷售情形

新聞稿日期	2020-02-04	2020-04-21	2020-08-04	2020-11-03
年度／季度	2019／Q4	2020／Q1	2020／Q2	2020／Q3
核准及備查具外溢效果之保險商品	8家壽險公司共28張	8家壽險公司共33張	8家壽險公司共35張	8家壽險公司共46張
外溢保單累積新契約銷售件數	60,117件，較107年同期之10,645件增加464%	22,444件，較108年同期之7,790件增加188%	53,397件，較108年同期之13,302件增加301%	121,774件，較108年同期之28,383件增加329%
外溢保單初年度保費收入	約新台幣8億1,646萬元，較107年同期之8,839萬元增加823%。	約新台幣2億9,764萬元，較108年同期之6,735萬元增加342%。	約新台幣8億3,420萬元，較108年同期之1億4,855萬元增加461%。	約新台幣14億2,702萬元，較108年同期之3億6,862萬元增加287%。

資料來源：金管會保險局➡公告資訊➡新聞稿與即時新聞澄清➡新聞稿➡https://www.ib.gov.tw/ch/home.jsp?id=239&parentpath=0,2,238

　　傳統保險都是在事故發生之後，才開始啟動理賠服務來轉移風險。但保險觀念已逐漸從「事後理賠」變成「事前預防」。透過自主健康管理與保險商品結合，由保險公司提供保費折減或服務，鼓勵被保險人持續運動或接觸健康飲食，降低罹病風險，達到事前預防的效果。從金管會每季統計的外溢保單銷售量和銷售額來看，外溢保單應會發展成大趨勢。

　　目前外溢保單可分為：「外溢效果型」和「實物給付型」兩大類。舉幾個例子，列表如下：

表 15-7-2 各壽險公司外溢保單

健走型	富邦人壽天行健定期健康保險（SWF）	計步保單！依約定之穿戴裝置或應用程式計步，管理健康更享保費折扣。
健檢型	台灣人壽與糖同行定期健康保險	首張血糖健康管理型弱體外溢保單。鼓勵血糖健康管理，依血糖值上傳享有續約年度費率折扣，最高達 5%。
實物給付型	國泰人壽憶樂活認知功能障礙終身健康保險（實物給付型保險商品）	終身失智保障，建構高齡失智防護網給付方式 2 擇 1，提供保險金給付或長期照顧服務（實物給付）。步數達標，提供健康促進保險費折減 1%、6%、8%，讓您的每一步更有價值。
交通安全型	台灣人壽安全保一年定期傷害保險附約	響應政策，壽險業首張交通安全外溢效果傷害險保單問市。特別針對汽車、機車及自行車用車人保障意外身故。商品最大特色是只要用車人有配戴安全帽、或有繫安全帶，即可享有身故增額 30% 保障，為用車人帶來更全面的防護，並有助於強化交通安全意識而提高安全帶（帽）使用率，以期降低交通事故死傷。

資料來源：各保險公司官網，2020/12/28
整理：吳家揚

　　一般外溢保單都沿用傳統保單的設計，例如長期看護、重大疾病等，再加上外溢效果。這類商品讓保戶興起健康預防意識，也能回歸保險保障本質的商品類型。如果身體健康又有良好的生活習慣，就可購買外溢效果的保單，因為這類型保單可讓健康狀況較佳或良好生活習慣的人得到保費優惠。外溢保單保費不一定比傳統保單便宜，購買前要了解保單條款和外溢方式。

壽險業首創的「交通外溢保單」

　　因為和傳統保單比較不同，這裡稍微說明「台灣人壽安全

保一年定期傷害保險附約」，順便補充一下產險強制險和傷害險。

金管會近年來鼓勵保單創新，繼實物給付之後，壽險業者針對廣大汽機車族和自行車族設計創新的「交通外溢保單」。「交通外溢保單」在保障些什麼？什麼人需要呢？

機汽車族依法需投保「強制險」，但自行車族不用。個人如需要加強意外傷害保障，可自行選擇「便宜的產險」或「交通外溢保單」來補強。

首張「交通外溢保單」為由台灣人壽所推出的「安全保一年定期傷害保險附約」，此保單有五大訴求：1. 因駕（騎）乘汽車、機車或自行車意外事故致成之身故，最高可獲得保險金額 150%的保障。2. 不論是騎車、搭車、開車皆有保障。3.「汽車」定義依道路交通安全規則之規範。駕乘公車、客運、計程車皆有保障。4. 投保後，自動續約到保險年齡 85 歲。5. 保費輕鬆繳，投保免體檢。

三大給付項目：1. 意外身故保險金或喪葬費用保險金（給付金額為保額 20%）。2. 汽車、機車或自行車交通事故身故保險金（給付金額為保額 100%）。3. 汽車、機車或自行車配戴安全設備身故增額保險金（給付金額為保額 30%）。

在投保職業類別和等級上，內勤人員職業等級為一，外勤人員職業等級為二。絕大多數的台灣人投保等級會落在一或二。

職業類別	一	二	三	四	五	六
保費：元／每萬元保險金額	5.2	6.5	7.8	11.7	18.2	23.4

以 200 萬元保額為例，大部分的人的保費為 1,040 元或 1,300 元。理賠情境一：「非」駕（騎）乘汽車、機車或自行車的意外傷害事故身故，只理賠第 1 項，40 萬元。理賠情境二：駕（騎）乘汽車、機車或自行車的意外傷害事故身故，且事故發生時已配戴安全設備，會理賠 1、2 和 3 共三項 300 萬元。（資料來源：台灣人壽商品 DM）

保單特色及限制

保單是傷害險「附約」形態。主約會有一定的核保標準，購買保單時要誠實告知。注意除外和不保事項，也要符合公司內控規定，例如壽險限額，不是每張主約都能附加。雖然此附約免體檢，但如主約需要體檢，而體檢未過而被拒保時，一樣不能附加此附約。

投保人要符合「配戴安全設備」規定，必須配戴以下設備才能獲得理賠：一、駕乘汽車時符合交通法規配戴安全帶。二、騎乘機車時符合交通法規配戴安全帽。三、騎乘自行車時配戴經經濟部標準檢驗局檢驗合格之自行車用安全帽。簡言之，符合保單條件才會理賠，定義要先看清楚，理賠時才不會有爭議。

有「強制汽車責任保險」還不夠嗎？

有些人會問，我有「強制險」還需要額外購買嗎？強制險保障事故的「受害者」能迅速獲得理賠，不需在就醫時還花時間等待理賠金，所以「依法強制」汽機車車主投保。

強制險的保障範圍：一、每一個人傷害醫療費用，最高 20 萬元。二、每一個人殘廢，最高 200 萬元。三、每一個人死亡，定額給付 200 萬元整。詳細給付內容，可參考「強制汽車

責任保險給付標準」（全部條文只有 9 條，簡單易懂）。

每個人的費率會有差異，以 51 歲女性為例，強制險保費為 1,019 元。若覺得「陽春的」強制險還不夠，可加保一項「第三責任附加駕駛人傷害險」：駕駛人死亡殘廢給付 300 萬元和駕駛人住院日額 2,000 元，保費增加不會超過 1,000 元。

和產險意外險的競合

以富邦產險「十全大補兩全其美」保單計畫 C 為例：死亡給付 300 萬元，保費 5,293 元（此為職業類別一到三級的費用），還包含 20 項意外住院醫療和實支實付等給付。主約不會要求體檢，只有承保或拒保。高血壓一定可以保；糖尿病一定拒保；高血脂可能拒保；高血脂加上高血壓一定拒保。在滿 70 歲之前可附加健康險。

保單差異與個人需求

「安全保」和「強制險」的主要差異：前者是保障自己，後者是保障他人。前者範圍含自行車，後者無。但後者可附加第三責任附加駕駛人傷害險，加強保障自己，保費也不貴。

「安全保」和「十全」，都是意外傷害險。前者是壽險附約，保障範圍小。後者是產險主約，保障範圍大，還可附加附約。

表 15-7-3 強制險與「安全保」、「十全」保單的差異

險種	優點	缺點	註記
強制險	便宜，保障範圍大	一定要保	三大給付項目，含傷害醫療和死殘
安全保	和強制險互補性強，且納入自行車族群	保費可能比「強制險附加第三責任附加駕駛人傷害險」貴	只有死亡三大給付項目
十全	和強制險互補性強，保障範圍廣	保費較「安全保」貴，但保障範圍更廣	20 大項，含意外身故及失能、特定事件增額、特定燒燙傷、家庭成員意外、門診手術、住院醫療日額和實支實付等給付，可附加附約項目。

資料來源：台灣人壽官網和富邦產險官網，2020/12/28
整理：吳家揚

　　購買與否視需求而定，好處是多一份保障，缺點是多一份保費。汽機車族一定要買強制險，意外的部分可藉由「安全保」或「十全」來補足。自行車族，可由「安全保」或「十全」來加強。

15-8 保單活化

　　保單活化，相對複雜，保險業務員也不喜歡推廣，一般人熟悉度和接受度都低，所以保單活化率不高。

　　一般人如果在年輕時沒有完整的保險規劃，對於未來老後心中隱憂可能有「三怕」：怕久病、怕沒人顧和怕沒錢。而晚婚族還有添增新家庭成員開銷變大的變數，因應與對抗這「三

怕」是一門需要智慧的藝術。

　　隨著醫療不斷進步、國人平均壽命延長，根據行政院主計處統計，家庭消費支出結構中，「醫療保健類」連數年名列前三大支出。久病需要長期看護者遽增，因照護人力不足而且照護費用驚人。年輕時沒做好退休規劃，而年老時造成家人或別人的負擔。

　　如果個人保障不足，可以趁身體健康允許、尚未到被拒保年齡，新購買新契約保單補足保險缺口。如果身體狀況沒問題，但年紀太大已經被拒買新保單時，年輕時購買的壽險有機會可以透過「保單活化」方式，達到醫療照顧與滿足資金的需求。

保單活化注意事項

　　保單活化的特色是保單上一定冠以「保單活化」這 4 個字。目前保單活化商品不少，可以 GOOGLE 查到保險公司的商品，或進入各保險公司官網搜尋，很容易找到相關商品。

　　為因應高齡化社會來臨及響應政府推動「保單活化（功能性契約轉換）」政策。保單活化提供一種方式，讓要保人以非投資型人壽保險契約，申請轉換到醫療保險（怕久病）、長期看護保險（怕沒人顧）或遞延年金保險（怕沒錢）。有特定壽險商品之客戶，可將現有之終身壽險保單轉換為醫療險、長期看護險或年金險，以支付未來可能發生的醫療費、照顧費或生活支出，讓自己獲得較佳的醫療、照護品質。

　　「保單活化」藉以協助高齡社會以既有壽險資源，活化運用到醫療照護及資金需求。符合特定條件的壽險商品，若要轉換到醫療保障或長期看護險，需要體檢、健康聲明書，且體況

符合標準體，保單才能活化。

　　原則上不會限制有保單貸款者不能轉換，但保單已經辦理繳清或展期，不得申請轉換。保單活化比照公司現行之契約轉換，皆無提供轉換後契約 10 日猶豫期，需提供轉換後契約完整內容之保險契約條款樣張予保戶，保戶可先行審閱。

　　保戶在保單轉換後 3 年內得申請回復舊保單，但要特別留意，若已領取年金或已理賠者，不可回復。辦理全部轉換者，因功能性契約轉換不接受附約轉入新契約，故所有附約需全部終止。辦理部分轉換者，原契約最低需保留 1 萬元保額，附約可留在原契約繼續繳費，繼續有效。

　　年紀愈大，對醫療需求也越高。轉醫療險，可減輕久病負擔。保單活化的好處：1. 追溯原保單的投保日期，費率相對便宜。2. 可解決保戶因現在年齡太高以致無法投保，或投保需繳較高保費的窘境。3. 能將過去已付的保費重新運用，不需要再額外準備預算。缺點是：因活化後預定利率的降低，對保戶相當不利，除非是迫切需求，這也是保單活化率很低的主因。

購買新契約和保單活化評估事項

　　如果是購買新契約：1. 隨著年齡增加，重新投保保費相對也較年輕時投保為貴。2. 高齡投保類長期看護險、健康險或年金險商品可能會超過個人或家庭預算規劃，或投保年齡超過商品之最高承保年齡。

　　活化保單與新購保單兩者之間沒有對錯問題，視自己需求而定，要考慮體況和保費。

　　保單活化有其限制，若不符合評估標準，不可以轉換。每家保險公司規定不盡相同，務必於同意轉換前詳加審閱相關資

料，確認並完全清楚新舊契約之相關權利義務後，才能為之。因為活化後依據理賠給付申請狀況或年金給付年度不同，身故時可能發生轉換後總領金額低於原轉出之壽險身故保險金額的事情。

案例說明

中高齡 50 至 70 歲且主要僅購買保障型商品、膝下無子嗣及退休將近、房貸壓力減輕或子女已成年，可能不需要高額壽險。以前買的高保障純終身壽險是為了家庭責任留愛給家人，現在降低壽險需求是為了照顧好自己並減少家人財務負擔。

保單活化應檢附：「功能性契約轉換申請書」、「功能性契約轉換前後利益比較暨權益說明書」、「功能性契約轉換重要事項確認聲明書」和「功能性轉換適合度評估確認書」。符合規定者，會得到一張新保單 B，而原保單 A 會批註。

表 15-8-1：保單活化前後差異範例解說

	原保單 A 內容	活化保單 B 的內容
年期 / 險種	符合定義的終身保單 LPL	功能性契約轉換專用商品 XDP
原保額	200 萬元	2.5 萬元
年繳化保費	49,800 元，繳費 20 年	42,300 元，繳費 10 年
保險始期	86／01／01	86／01／01
保險期間	終身	終身
預定利率	6.5%	3.25%
給付項目	完全失能給付、身故給付	特定傷病暨完全失能保險金、特定傷病暨完全失能關懷保險金、身故保險金或喪葬費用保險金、祝壽保險金、豁免保險費
責任準備金 / 保單價值準備金	967,600 元	436,895 元
批註	主契約轉出保險金額 90 萬元，主契約剩餘保險金額 110 萬元。	新的活化保單。原主契約轉出保額之責任準備金 / 保單價值準備金：435,420 元，須補繳責任準備金 / 保單價值準備金金額 1,475 元。
注意事項		限承保標準體，依需求要體檢、健告。特定傷病包含項目：腦中風後障礙（重度）、癱瘓（重度）、多發性硬化症、主動脈外科置換手術、嚴重運動神經元疾病、嚴重阿茲海默病、嚴重類風濕性關節炎、嚴重帕金森氏症、嚴重頭部創傷。

資料來源：富邦人壽官網https://www.fubon.com/life/indemnify_edm/20141201/03_0.html

15-9 政策性公益保險：微型保險和小額終身壽險彌補國保的不足

　　朋友從製鞋專業經理人起家，轉到成衣業創業有成，OEM、ODM 之外並創自有品牌，海內外公司員工 2,000 多人。友人夫妻讓人佩服的是他們回饋社會的行動：「用提供高額獎助學金方式幫助上百個單親家庭學子就學，安排社會成功人士當他們的導師，給予生活與學習上的解惑協助，並定期安排面對面溝通；鼓勵他們維持正向思考，為自己美好的未來努力學習，將來成為社會中堅分子；改善整個家庭的生活，當有餘力時回饋社會，出手幫助需要幫助的人。」

　　隨著獎助金發放人數的成長，計畫進一步將之系統化。用企業管理方式徵召更多有愛心的成功人士當志工，找尋更多家庭陷入困境但有心向學的小孩，讓他們繼續完成學業，然後輔導他們投入具競爭優勢的產業認真工作，穩定發展。已於 2016年籌組成立「社團法人亞信台灣樂學逐夢獎助學金協會」，未來要將此 SOP 輸出給同樣有心願意承擔社會責任的企業，一起幫助台灣的年輕人。

　　為使經濟弱勢或特定身分族群得以較低保費取得基本保險保障，並因應高齡社會下高齡者基本保險保障需求，金管會持續推動微型保險及小額終老保險，並鼓勵保險業者開發設計與推廣銷售該等商品，以善盡保險業之社會責任。（資料來源：金管會保險局→公告資訊→新聞稿與即時新聞澄清→新聞稿→金管會持續推動微型保險及小額終老保險，強化社會安全網，2020-11-26 新聞稿，https://www.ib.gov.tw/ch/home.jsp?id=239&parentpath=0,2,238&mcustomize=news_view.jsp&dataserno=2020011260001&dtable=News）

微型保險讓窮困家庭免於落入赤貧循環

許多家庭突遭變故，失去主要經濟來源，而使整體家庭財務陷入惡性循環。在緊急的時候，如果有人可以扶上一把，可以杜絕許多憾事。然而，遭遇急難時，不是每個人都能幸運的遇到像友人這樣的貴人相助，但是自助而後天助，自己的貴人自己當。尤其是愈是經濟弱勢的人，愈要有自助的行動。

富人的財務規劃一定會納入保險，為財務築防火牆，但常聽到貧者自嘲：「生吃都不夠了，還曬乾」。觀念的差異造成富者愈富、貧者愈貧，其實愈沒有錢的人愈應該要有風險意識。

在此，先要介紹微型保險，只要每天拿出不到一塊錢，購買商業微型保險，萬一意外或死亡時，還有一小筆現金收入，對弱勢的家庭財務提供一個保護傘，才能避免家庭陷入財務惡性循環。

微型保險不是人人可以買，保額也有限制

為使弱勢民眾得以低保費獲得基本保險保障，避免因被保險人發生保險事故使家中經濟陷入困境，並鼓勵保險業者善盡社會責任，金管會於民國 98 年 7 月發布保險業辦理微型保險業務應注意事項，並於民國 103 年 6 月、107 年 12 月修正，擴大微型保險保護傘，以建構更為健全之社會安全網。（資料來源：金管會保險局→業務主題專區→微型保險→推動微型保險，https://www.ib.gov.tw/ch/home.jsp?id=210&parentpath=0,8）

微型保險係提供經濟弱勢或特定身分者基本人身保險保障，以填補政府社會保險或社會救助機制不足之缺口，茲說明如下：

❶ 資格：1）無配偶且全年綜合所得在新台幣 35 萬元以下者或其家庭成員。但其家庭成員有配偶，且該夫妻二人之全年綜合所得逾新台幣 70 萬元者，不適用本款規定。2）屬於夫妻二人之全年綜合所得在新台幣 70 萬元以下家庭之家庭成員。3）具有原住民身分法規定之原住民身分，或具有合法立案之原住民相關人民團體或機構成員身分或為各該團體或機構服務對象，或各該對象之家庭成員。4）具有合法立案之漁民相關人民團體或機構成員身分，或持有漁船船員手冊之本國籍漁業從業人或取得我國永久居留證之外國籍漁業從業人，或各該對象之家庭成員。5）依農民健康保險條例投保農民健康保險之被保險人或其家庭成員。6）為合法立案之社會福利慈善團體或機構之服務對象或其家庭成員。7）屬於內政部工作所得補助方案實施對象家庭之家庭成員。8）屬於特殊境遇家庭扶助條例所定特殊境遇家庭或符合社會救助法規定低收入戶或中低收入戶之家庭成員。9）符合身心障礙者權益保障法定義之身心障礙者，或具有合法立案之身心障礙者相關人民團體或機構成員身分或為各該團體或機構服務對象，或各該對象之家庭成員。10）其他經主管機關認可之經濟弱勢者或特定身分者。

金管會已於1月19日發布修正「保險業辦理微型保險應注意事項」（下稱「應注意事項」）第2點規定，並自即日生效。「應注意事項」本次修正重點在於放寬微型保險承保民眾範圍至領取中低收入老人生活津貼之高齡者及其家庭成員。依衛生福利部統計，截至民國 109 年 11 月底，領取中低收入老人生活津貼之人數約 17.1 萬人，為使上開經濟情況非屬寬裕之高齡者與其家庭成員，亦可藉由微型保險獲得基本保險保障，爰將「符合老人福利法規定領取中低收入老人生活津貼之老人或其家庭成員」納入微型保險承保身分者範圍。（資

料來源：金管會保險局→業務主題專區→微型保險→新聞稿→發布日期2021-01-19，https://www.fsc.gov.tw/ch/home.jsp?id=96&parentpath=0,2&mcustomize=news_list.jsp&keyword=%E5%BE%AE%E5%9E%8B%E4%BF%9D%E9%9A%AA）

❷ 保險金額：個別被保險人累計投保微型人壽保險之保險金額不得超過新台幣 50 萬元，累計投保微型傷害保險之保險金額不得超過新台幣 50 萬元，累計投保微型傷害醫療保險之保險金額不得超過新台幣 3 萬元。

❸ 商品種類及保險期間：微型保險商品之種類限定為 1 年期之傳統型定期人壽保險及傷害保險及以醫療費用收據正本理賠方式辦理之 1 年期實支實付型傷害醫療保險。因微型保險商品設計內容不含生存或滿期給付之設計，可使保費大幅降低。

❹ 投保方式：以微型保險投保規劃而言，首先須確認是否符合微型保險之投保資格，其次則為確認投保方式，目前微型保險投保方式包含下列三種：1）個人投保：可直接或透過業務員向保險公司投保。2）集體投保：必須透過代理投保單位向保險公司投保，要保人與被保險人為同一人。3）團體投保：必須透過團體向保險公司投保，要保人為團體組織，被保險人為團體成員。

微型保險也是公益保單

對保險業務員而言，微型保險幾乎是「貼錢」的服務，因為便宜，佣金低，而對微型保險的推廣和銷售比較有限。但金管會為鼓勵保險公司推廣微型保險，保險公司辦理微型保險業務符合一定條件者，得有優先審查申請案及商品送審件數增加

等獎勵、推動績效優良者可享有較低安定基金差別費率、提高國外投資額度，另亦放寬保險公司首張微型保險商品得採備查方式辦理及舉辦微型保險競賽，公開表揚積極推廣之績優保險公司等措施。

微型保險單位費率不一定比商業保險便宜，但微型保險在行政費用上確實會較低。微型保險的特色是保單上一定冠以「微型」2 字。（各保險公司的微型商品可參考：中華民國人壽保險商業同業公會→壽險相關專區→相關專區→微型保險商品專區，http://www.lia-roc.org.tw/indexs.asp?item=indexs/other/m981201.asp）

每天六毛錢，守護一個弱勢家庭

舉例 01

Q：「一年定期微型壽險（MTL）」，可投保年紀為 20～60 歲，可投保保額為 10 萬元～30 萬元。60 年次的志明（保險年齡 50 歲），投保保額 30 萬元，保險年期 1 年期，每年需繳費 2,502 元。在契約有效期間內，如果因故死亡或完全失能，保險公司會給付 30 萬元。

注意事項：本險種不計入壽險體檢額度，但核保得依個案需要，請保戶提供相關之檢查報告或病歷資料等。每一被保險人只限於投保一件微型壽險保險。累計同業微型壽險保額上限 50 萬元。不得附加附約。

（參考資料：富邦人壽官網）

Q：「一年期微型傷害保險（MPA）」，可投保年紀為 15～70 歲，可投保保額為 10 萬元～30 萬元。60 年次的志明（保險年齡 50 歲）投保保額 30 萬元，保險年期 1 年期，每年僅需繳費 197 元。意外死亡保險金 30 萬元，或意外失能保險金＝30 萬×失能比例。

在契約有效期間內，如果因意外傷害事故導致「一上肢腕關節缺失」，判定為 6 級失能，可以申請意外殘廢保險金給當事人：保額 30 萬元×50%＝15 萬元。如果不幸意外身故，可以申請死亡保險金 30 萬元。即使意外只賠最小金額 11 級失能給當事人：保額 30 萬元×5%＝1.5 萬元。

每天不到 0.6 元，可讓自己及家人擁有最基本的傷害保障。

注意事項：累計同業微型傷害險保額上限 50 萬元。要保人與被保險人須為同一人。本商品同一被保險人限投保一件。不得附加附約。可代理投保和集體投保。

「順安微型傷害保險（MPB）」和 PMA 條件都一樣，差別在於自己投保。

（參考資料：富邦人壽官網）

> Q：「吉安微型傷害團體保險（TPA）」，可投保年紀為 0
> ～75 歲，可投保保額為 10 萬元～50 萬元。60 年次的
> 志明（保險年齡 50 歲）投保 50 萬元，每年僅需繳費
> 329 元，保險費率和 MPA／MPB 同。意外死亡保險金
> 50 萬元，或意外失能保險金＝50 萬元×失能比例。
> **注意事項**：保費由要保單位付擔。累計同業微型傷害險
> 保額上限為 50 萬元。不得附加附約。要保單位指具有 5
> 人以上的團體。符合條件者須填寫健康告知書。
> （參考資料：富邦人壽官網）

　　或許對一般人理賠金額太少，但對每個月需要外援的人，
卻可解燃眉之急。投保微型保險的好處是當碰到意外事故時，
先用保險金撐一段時間，然後求助社福單位幫忙度過難關。

　　微型保險或許每家保險公司費率不盡相同，但傷害險平均
每天保費還是不會超過 1 元。微型保險是針對經濟弱勢民眾所
安排的保險計畫，希望藉由小額保費支出，保障弱勢民眾不致
因發生死亡或失能等保險事故，而使其家庭或個人頓時陷入生
活困境中。花小錢，卻有大大的保障。

小額終身壽險

　　再來要介紹小額終身壽險，是喪葬費的概念。對經濟弱勢
的家庭財務，提供一個基本的壽險保護傘，才能避免家庭陷入
財務惡性循環。

　　台灣已邁入高齡化社會，民國 115 年即是超高齡社會，未
來老年人要自己準備好退休及身後事的費用，為了因應此需
求，金管會除了推動長照保險和年金險外，也要求壽險業推出

小額終身壽險，給高齡者最基本的壽險需求。

　　保險局民國 106 年 2 月才推出小額終身壽險時，原本小額終身壽險一輩子只能買 1 張，保額最高 30 萬，經過金管會調整投保規定後，在 民國 108 年 7 月 1 日改為一人最多可以買 2 張，保額最高 50 萬元，而民國 110 年 7 月 1 日起，改為一人最多可以買 3 張，保額最高為 70 萬元。小額終身壽險是為了響應政策，小額終身壽險的特色是保單上一定冠以「小額終身壽險」6 字。「費率」低於現行傳統型終身壽險，小額終身壽險的保費較一般終身壽險便宜許多，投保門檻也相對低，0～84 歲皆可投保。

　　有些保險公司 DM 訴求是免體檢，只要需於投保時填寫健康告知書，即可輕鬆投保。但實際情形是會依照公司內部的標準作業程序，該體檢的還是免不了，會拒保的還是會拒保或「延期承保」。同一被保險人累計同業之小額終身壽險最高總保額為 50 萬元，可以附加附約。對於斤斤計較壽險主約保費或經濟弱勢的人，是一個好選擇。

　　小額終身壽險於民國 106 年度開始銷售。（各保險公司的小額終身壽險可參考：中華民國人壽保險商業同業公會→壽險相關專區→相關專區→高齡化專區，http://www.lia-roc.org.tw/indexs.asp?item=indexs/other/h1001005.asp）

CH16.
避免保險糾紛，要保人和受益人要怎麼寫比較好

家族中成員，總會有「財力」強和弱的區別，也會有「意願」的問題。台灣人重男輕女的觀念到現在還是很嚴重，許多從小被慣壞的男性即使後來已經變成 50 歲的中年人時，還是會存在這樣的思維：「父母的財產都是我的，照護父母是姊妹的工作，尤其是單身或沒工作的。」這時，年邁的父母如果不想出好的做法，未來一定會埋下子女紛爭的種子。

舉例 01

Q：小玲和春嬌收入穩定，想替父母買保險，但有一個哥哥志明收入不穩定，所以保費打算由兩姐妹負擔。想到以前有看過保險金遺產糾紛的新聞，請問該如何避免類似的情況呢？

A：我們可以從兩種情境來檢討因應的做法：
如果情境是新購保單，當志明沒有能力分擔保費時，比較好的安排是：「小玲和春嬌當要保人、被保險人是父母，受益人是小玲和春嬌」。自己的權益自己顧，買保單時也不必讓志明知道。

（接下頁）

情境	要保人	被保險人	受益人	註解
分別新購保單	小玲和春嬌	父母	小玲和春嬌	理想的安排
舊保單	父母	父母	小玲、春嬌和志明	可能需要變更要保人或受益人

製表：吳家揚

更好的做法是假設父親和母親共需要 6 張保單，例如：2 張「50 萬元壽險加實支實付附約再加上意外險附約」和 2 張「50 萬元壽險加住院醫療附約再加上癌症險附約」和 2 張「類長期看護險」。小玲和春嬌可以相同保費來分別購買新保單，因為同年紀男性的保費會比女性貴許多，所以父親的保障會比母親少。或相同保障，但父親的保費就比母親多。因為每張保單分別獨立且自己是受益人，不會有糾紛。小玲和春嬌分別為父母建立多重保障防護網。

如果情境是舊保單，父母是要保人和被保險人時，若保費已經繳完，可不用調整。但如果保費還有很多期沒繳，而父母的財力有困難時，就可以考慮調整要保人為付保費的小玲或春嬌，這時可能會有贈與稅發生。至於受益人是否將志明移除，視父母決定，也不用讓志明知道。

保單是要保人的財產，自己可以隨時解約而不需任何人簽名同意。除被保險人不能變動外，保單部分解約或內容變更時，或是變更要保人或受益人時，契約內容變更申請書上要有相關人的簽名才行。若保單不幸被列入遺產而有所紛爭時，最後通常要拿錢出來擺平，才會落幕。

購買保單要了解內容，也要注意自己的繳款能力。萬一繳

不出錢來時，可考慮解約、減額或展期，但通常都不划算。一開始購買的時候，同一份保障也可以考慮分 2 張或 3 張購買，萬一繳不出錢時，只會動到其中一張的權益，避免擴大損失。

16-1 離婚時的保單處理原則

現代人晚婚、不婚、不子是趨勢，還有離婚率也不斷飆高。結婚時，大家總會開開心心的辦結婚典禮，接受大家的祝福。但離婚時，也應該好聚好散，辦個離婚典禮，祝福對方。但就怕離婚是不歡而散，許多該簽名的文件離婚前沒「喬好」，或離婚後採取不配合的態度，徒增大家困擾。

如果擔心離婚，導致保單會有糾紛，就要定期檢視「保單上的要保人、被保險人和受益人」，必要時先加以調整。這樣就不會讓當初購買保險的美意，被保單利益搞得烏煙瘴氣。

舉例 01

Q：志明和春嬌生下獨生子小強，已離婚 2 年，現小強已上小學。志明晚婚，長期在國外工作。春嬌是外配，愛玩不負責任。志明為全家 3 口買了不少保單，保單安排都是志明為要保人，志明／春嬌／小強為被保險人，春嬌為受益人。離婚協議中，春嬌除拿到贍養費和小強監護權之外，志明要負責小強的所有教養費到成年，且所有小強的教養費用直接進入春嬌的帳戶。因為離婚後小孩性格丕變，可能有被春嬌精神虐待之虞。小強現在和爺爺奶奶同住，春嬌只有要錢時才會出現。家家有本難念的經，要如何保障志明和小強的保單權益？

（接下頁）

A：回到保單的問題，因為離婚協議沒有提到保單這一塊，離婚後做保單變更時，春嬌都不同意，也不願意簽名，衍生出許多困擾。甚至志明要幫小強買新的保單時，春嬌也不願意在法定代理人上簽名，這些想買的新保單就這樣被卡住了。如果春嬌在離婚前願意放行，好聚好散，可以將大家的保單做更好的處理。

假設原來保單：

	保單 1	保單 2	保單 3	保單 4
保單性質	終身壽險	終身壽險	定期儲蓄險	終身壽險／醫療險附約／意外險附約
要保人	志明	志明	志明	志明
被保險人	志明	春嬌	小強	小強
受益人	春嬌	春嬌	春嬌	春嬌
法定代理人		春嬌	春嬌	春嬌

製表：吳家揚

假設好聚好散，變更後的保單：

	保單 1	保單 2	保單 3	保單 4
保單性質	終身壽險	終身壽險	定期儲蓄險	終身壽險／醫療險附約／意外險附約
要保人	志明	春嬌	志明	志明
被保險人	志明	春嬌	小強	小強
受益人	小強	小強	小強	志明

（接下頁）

法定代理人			春嬌	春嬌
變更申請書上需要簽名的人	志明	志明、春嬌	志明、小強、春嬌	志明、小強、春嬌
保單變更後的影響		可能有贈與稅	滿期金可能有贈與稅	
被保險人死亡時，可能的影響	小強的最低稅負制	小強的最低稅負制	小強的遺產	
註記		一年超過220萬元時，保單變更後30天內要申報贈與稅。	因為被保險人未成年，才需要法定代理人的簽名。	醫療險和意外險的受益人，只會理賠給被保險人，會進到被保險人帳戶。但如果被保險人沒有開帳戶，就可能會進入法定代理人的帳戶。

製表：吳家揚

小強成年後，就可以徹底擺脫法定代理人春嬌的魔掌，以後變更保單或購買保單就方便許多。

這個案件只是離婚未再嫁娶，也未再生育，人的因素相對單純。如果再婚再生，情境就會複雜許多，再加上如果是高額保單，稅務問題更複雜。最好在變更保單之前，先請教 CFP 或會計師，避免衍生出自己料想不到的問題。

保單上簽名的人，權利義務都不同

大家都喜歡買保險，保單也是「有價證券」的一種呈現方

式。但一般人對它常常一知半解，也連帶出一些法律和稅務方面的問題。

保單上有要保人、被保險人、受益人和法定代理人，這 4 種人的權利義務都不同。保單要生效，一定要有要保人／被保險人／（法定代理人）簽名才行。7 歲以前或還不會寫字時，法定代理人可以代替簽名。滿 7 歲到未滿 20 歲時，保單上需要親自簽名外，還需要法定代理人簽名才行。滿 20 歲的成年人但受監護者，保單需要法定代理人簽名。滿 20 歲的成年人但未受監護者，保單就不需要法定代理人簽名了。不管是投保時或變更時，保單上唯一不用簽名的就是受益人。→民國 112 年 1 月 1 日後，20 歲改為 18 歲。

簡單來說，保單是要保人的財產；被保險人是要保人拿去抵押給保險公司的人；受益人是理賠時拿到好處的人；未成年或受禁治產宣告的人，需要法定代理人簽名。保單生效後，除被保險人不可改變外，其他人都可以隨時變更。而當財產有轉移時，就要注意稅務的問題。

要保人和受益人不同時，就可能產生「最低稅負制」，受益人要申報所得稅。要保人死亡時，保價金或解約金就會納入要保人遺產。被保險人死亡時，死亡給付給受益人。被保險人受醫療傷害時，醫療傷害理賠金會給被保險人本人。要保人變更時，是贈與行為，可能產生贈與稅。滿期金到期給付時，若要保人與受益人不同時，也算是贈與行為，可能產生贈與稅。夫妻之間贈與，不論金額大小，都沒有贈與稅問題。我們在購買保單時，受益人欄位一定不能空白，記得填寫受益人名字或法定繼承人，至少不會產生遺產稅。

保單不外乎有贈與稅、所得稅和遺產稅，一般人不容易被課到這 3 種稅，除非是高資產人士的超大額保單。有心人想要

避稅，最後被財政部用「保單八大態樣」實質扣稅。八大態樣：重病投保、高齡投保、短期投保、躉繳投保、巨額投保、密集投保、舉債投保、保險費高於或等於保險給付金額。

適時做保單變更，拿回保單控制權

　　保單健檢時機：每年經常性檢查、人生責任改變時、變更保單內容時、有增加保險需求時、保費繳不出時、有理賠需求時、有理財規劃需求時。

　　離婚後最差的情況，若夫妻之一方被保險人不想當另一方要保人的「抵押品」，可以通知保險公司和要保人，附上相關文件直接解約。解約後的保價金或解約金，會回到「應得之人」的口袋中。

　　直接解約，要保人簽名就可以，不需通知被保險人和受益人。但部分解約或保單內容變更，需要保人和被保險人同時簽名才可以，必要時還需要法定代理人的簽名。

　　保單是要保人的財產，要保人可以自由控制自己的錢給指定的受益人。保單的好處是，如果有寫受益人，就不需要納入遺產總額計算，且不受特留分之影響。將理賠金留給受益人，也是一種具體愛的表現。

延伸閱讀

❶ 最低稅負制中的「基本所得額」，有六大項目：1）海外所得、2）特定保險給付、3）私募證券投資信託基金的受益憑證交易所得、4）申報綜合所得稅時採列舉扣除額之「非現金捐贈金額」（如：土地、納骨塔、股票等）、5）個人綜合所得稅的「綜合所得淨額」，和6）選擇分開計稅之股利及盈餘合計金額。而2）特定保險給付是指：受益人與要保人非

屬同一人之人壽保險及年金保險給付，但死亡給付每一申報戶全年合計數在 3,330 萬元以下部分免予計入。超過 3,330 萬元者，扣除 3,330 萬元後之餘額應全數計入。（資料來源：財政部稅務入口網→稅務資訊→認識稅務→節稅宣導手冊→國稅節稅手冊，https://www.etax.nat.gov.tw/etwmain/web/ETW118W/CON/406/8548695392495995268）

❷ 滿 20 歲為成年（民法第 12 條）。民國 109 年 12 月 29 日立法院三讀通過民法部分修訂條文，將成年年齡由 20 歲下修至 18 歲，暫定民國 112 年元旦實施。12 月 29 日又相繼通過修正「所得稅法」、「遺產及贈與稅法」、「人民團體法」、「國籍法」、「集會遊行法」、「證券交易法」、「入出國及移民法」、「保全業法」、「民防法」等多項配套法案。透過民法以及相關法案對於成年認定的下修，讓年輕世代及早具備成年國民的權利與義務。未來只要滿 18 歲，就不需要法定代理人了。

16-2 小三保單，CFP 不該教你這招的

要保人對於下列各人之生命或身體，有保險利益。1. 本人或其家屬。2. 生活費或教育費所仰給之人。3. 債務人。4. 為本人管理財產或利益之人。（保險法第 16 條）

年長的志明為了照顧幼齒的紅粉知己春嬌，為了表示誠意，想買保單給春嬌。除非志明和春嬌有保險利益，否則不能以志明為要保人，春嬌為被保險人的名義購買保單，反之亦然。志明只能給錢，讓春嬌自己去買保單。通常和小三的關係，是默默進行不能曝光的，且要有一定的財力，送鑽石珠

寶、房子、大額保單、無限卡和生活費，是一般行情。這也和 8
點檔連續劇的爛劇情一樣，等志明死亡後，小三才會出現爭遺
產，造成原配家庭成員的錯愕和不諒解。

舉例 01

Q：小三保單的設計，有一定的邏輯：

	1. 壽險 2,000 萬	2. 壽險 1,500 萬	3. 壽險 1,000 萬
要保人	志明	志明	春嬌
被保險人	志明	志明	春嬌
受益人	志明原配和 子女	春嬌	志明和 法定繼承人

製表：吳家揚

因為小三很難拿到死亡證明，若沒有死亡證明，保險公司
不會理賠壽險死亡，所以要採取「搭便車」的方式為之。
志明要在「同一家」保險公司買保單，保單 1 的受益
人，原配 20%，子女 80%。如果原配不知道春嬌存在，
當然就拿死亡證明和相關文件向保險公司申請。如果原
配知道春嬌存在，一定非常氣憤且要玉石俱焚，想讓春
嬌拿不到半毛錢。這時子女看在 1,600 萬元的份上，錢
不拿白不拿，一定會說服媽媽先拿到錢再說，否則就便
宜保險公司了，且狐狸精春嬌「才拿到 1,500 萬元，比
我們少」。這時原配才會送死亡證明給保險公司，春嬌
搭便車也可以拿到錢。
如果不同家保險公司，春嬌一樣有「拿不到死亡證明的
遺憾」。

台灣廣廈 國際出版集團
Taiwan Mansion International Group

國家圖書館出版品預行編目（CIP）資料

最強保險搭配法則：
只要活用「社會保險及商業保險」，就能花小錢聰明打造 CP 值最高的超級
保單/吳家揚著, -- 初版. -- 新北市：財經傳訊, 2021.03
　面；　公分. -- (through；44)
ISBN 9789869951869(平裝)
1.保險　2.保險規劃　3.理財

563.7　　　　　　　　　　　　　　　　　　　　　　110000255

財經傳訊
TIME & MONEY

最強保險搭配法則：
只要活用「社會保險及商業保險」，就能花小錢聰明打造 CP 值最高的超級保單

作　　者/吳家揚著

編輯中心/第五編輯室
編 輯 長/方宗廉
封面設計/十六設計
製版・印刷・裝訂/東豪・弼聖・秉成

行企研發中心總監/陳冠蒨
媒體公關組/陳柔彣・綜合業務/何欣穎

發 行 人/江媛珍
法 律 顧 問/第一國際法律事務所 余淑杏律師・北辰著作權事務所 蕭雄淋律師
出　　版/財經傳訊出版社
發　　行/台灣廣廈
　　　　地址：新北市 235 中和區中山路二段 359 巷 7 號 2 樓
　　　　電話：(886)2-2225-5777・傳真：(886)2-2225-8052

全球總經銷/知遠文化事業有限公司
　　　　地址：新北市 222 深坑區北深路三段 155 巷 25 號 5 樓
　　　　電話：(886)2-2664-8800・傳真：(886)2-2664-8801
郵 政 劃 撥/劃撥帳號：18836722
　　　　劃撥戶名：知遠文化事業有限公司（※單次購書金額未達 1000 元，請另付 70 元郵資。）

■出版日期：2021 年 3 月
ISBN：9789869951869